像冠军一样学习

心理学中的高效学习法

（Regan A.R.Gurung）　　　（John Dunlosky）
[美] 里根·A.R.古隆　　约翰·邓洛斯基 著

徐品香 译 焦建利 审校

Study Like a Champ:
The Psychology-Based Guide to "Grade A" Study Habits

机械工业出版社
CHINA MACHINE PRESS

认知科学已经揭示了哪些学习习惯对学习真正有效。本书基于认知科学概述了学生在整个学习生涯中可以用来计划、监测和评估其学习的明确步骤，并为学生如何更聪明而不是更努力地学习提供了实用的建议。书中的大量案例和自我评估工具将帮助任何年龄段的学生将这些学习策略应用于他们自己的独特情况，以帮助他们建立和保持促进终身学习的习惯。本书还论述了不同学习阶段的学生的学习原理、学习策略和学习方式。本书认为，像冠军一样学习应该是基于对学习产生影响、对学习行为产生变化、对学习认知进行彻底重塑的一种学习方法。

赞　誉

这本书应该是高中生和大学生等群体的必读之书。两位作者都是各自领域的专家，他们以非正式的方式讲述了如何计划学习、如何学习及如何评估学习效果，以便为评估做准备。阅读本书可以帮助学生掌握各级学校教育中的各类学科知识。

——亨利·L.罗迪格三世（Henry L. Roediger, III, PhD）博士，詹姆斯·S.麦克唐纳尔（James S. McDonnell），密苏里州圣路易斯华盛顿大学圣路易斯分校知名心理学教授

里根·A.R.古隆和约翰·邓洛斯基是研究人们如何学习，以及如何让学习持续下去的两位领军人物。他们为所有希望学习更容易、更有效、更持久的人撰写了一本宝书。这本书将使每一位想要学习的人终身受益。

——迪安·F.哈尔珀恩（Diane F. Halpern）博士，加利福尼亚克莱蒙特市克莱蒙特·麦肯纳学院名誉教授

这是一本可以帮助本科生在没有额外负担的情况下学会学习的好书。这本书由两位学者型教师以引人入胜、通俗易懂的风格撰写，脉络清晰、结构简洁、重点突出，有助于学生掌握行之有效的方法和策略。入门级课程的教师们注意啦！

——达纳·S.邓恩（Dana S. Dunn）博士，宾夕法尼亚州伯利恒市莫拉维亚学院心理学教授

推荐序

学会学习，像冠军一样学习

你知道如何学习吗？

你的学习策略和方法有效吗？

你知道哪些策略和方法可以帮助你像冠军一样学习吗？如何使用它们？

关于这些问题，你可以在里根·A. R. 古隆（Regan A. R. Gurung）和约翰·邓洛斯基（John Dunlosky）合著的新书《像冠军一样学习》中找到答案。

在这本书中，两位作者根据自己多年关于学习策略和方法的心理学研究，揭开了学习方法背后的认知科学的面纱，提出了像冠军一样学习所涉及的主要认知策略和十大有效学习技巧。这些策略和技巧实用性强，通俗易懂，便于操作且行之有效，有助于学生掌握各级学校教育中的各类学科知识。这本书堪为高中生和大学生群体的必读之书。

众所周知，学习不再是学生的专利，学习是每一个人一辈子的事业，是每一个人一生中的必需品，如同氧气一样。因此，更准确地说，这本书应该是学习型社会和终身学习大背景下每一位渴望用学习改变命运的人的必读书。

全书分三大部分，共九章。

第一部分，基础。包括三章。在第一章（你以为你知道如何学习吗？我们来讨论一下）中，作者指出了学生（和教师）关于学习的主要误区，介绍了元认知和影响学习的因素，探讨了学生使用的学习策略及其与课程成绩之间的关系。在第二章（重要的事先做：计划！）中，作者强调要制订强有力的计划，包括何时学习、学习什么、如何学习。制订计划时要将所有功课和其他任务（包括社交和体育活动）都要考虑在内。在第三章（做好笔记）中，重点介绍了记笔记的最佳方法、记笔记的不同目的，以及如何（何时）处理笔记。

第二部分，策略。包括五章，系统地介绍了间隔练习、检索练习、交错练习、自我解释、解题范例、高亮标注、重读、总结、意象、关键词记忆法十大有效学习技巧，并为每一种技巧提供了科学研究的支持证据，继而就如何使用这些技巧提供了操作性极强的建议。

要像冠军一样学习，需要的不仅仅是练习和掌握这些技巧。毕竟，学习受到诸多内外因素的影响和制约。要像冠军一样学习，在学业上取得高分，我们还需要关注自己的身心健康，使之处于最佳状态。

因此，在第三部分，第九章——学霸的 A（情感）、B（行为）和 C（认知）中，作者重点讨论了如何让自己保持最佳状态，提出了四种主要的身体健康行为——吃、喝、体育活动和睡眠，以及一种主要的心理健康行为——正念。这五种行为有助于我们每一个学习者真正做到像冠军一样学习。

全书结构良好，可读性强，设计和构思精巧，特色鲜明。

这本《像冠军一样学习》最突出的一个特点是两位作者均为全球著名心理学家，有着丰富的教学经验和丰硕的研究成果。在书中分享的学习技巧，全部基于他们的研究成果，同时又有来自课堂教学和实验室研究的佐证和支持。他们所提供的大量来自实验室和课堂所发现的学习秘密，科学、可靠、可信、实用，是提升学习能力的利器。

事实上，在有关学习的研究中，无论是历来重视和强调学习方法和学习策略的东方学术社群，还是突出实证主义科学视角研究学习的教育心理学和学习科学，都似乎难以真正帮助到每一位学习者。前者大多缺乏科学证据的支持，后者中绝大多数固然严谨、规范，但似乎又距离学习活动和人们的学习实践较远，因此也难以对人们的学习真正产生影响。

本书的另一个特点是作者从问题入手，针对问题提出有效的解决方案及其支持证据，并提供相应的实例、调查量表和自我评估工具。这些实例、量表和工具有助于每一位读者亲自参与，对自己的学习策略和方法进行评估，从而为改变自己的学习习惯、掌握全新的学习技巧、提升学习绩效奠定坚实的基础，培养真正的问题解决能力。

这本书中另外一个让我喜欢的部分是每章末尾的小结、关键提示、拓展阅读材料以及由佩奇·赫尔博德（Paige Herrboldt）所绘制的可视化总结。这些内容可以说是每一章的画龙点睛之笔，可以让读者快速地领会这一章的核心思想和精华要点。

《像冠军一样学习》堪称学习冠军修炼手册。

通读本书可以说是每一位读者分析自己的学习情况、践行有效的学习技巧、像冠军一样学习的一个绝佳机会和宝贵旅程。

整体读来，本书所介绍的像冠军一样学习的十大学习技巧及其使用建议，更适用于传统的学习场景。作者对于信息技术支持的学习，比如在线学习、移动学习以及实践社群中的学习着墨不多，因而多少让人有些意犹未尽之感。

瑕不掩瑜！总的来说，这是一本可信赖的、值得阅读的有效学习宝典。

我相信，这本书将使每一位渴望学习的人终身受益。

特此郑重地将它推荐给您！希望能帮到您！

焦建利

华南师范大学未来教育研究中心

前言

为什么你应该真正关心这本书里的内容

如果你想了解最佳学习方法，这本书就是为你准备的。

《像冠军一样学习：心理学中的高效学习法》为你解答了"我怎样才能得 A"这个常见问题。我们根据多年关于学习方法和最佳学习策略的心理研究，总结出了简单易懂、实用并且最重要的是易于操作的技巧，但这并不是全部。

我们观察并倾听学生们如何更好地学习。我们看到学生们阅读其他关于如何学习的书籍，但仍然没有进步。其中部分原因在于，科学家和教师告诉你该怎么做很容易，但真正能够做到这一点则是另一回事。因此，我们揭示了学生难以遵循学习指导的原因，并提出了一些有用的技巧，我们还为你提供了支持我们建议的证据，希望你知道该做什么以及为什么要这样做。

此外，我们还会告诉你哪些策略最适合学习不同类型的材料。并非每门课都一样，学好心理学入门课和学好计算机科学课的方法可能并不相同。我们会支持你的。

本指南由专业心理学教师撰写，他们同时也从事研究工作，这些技巧正是基于他们的研究成果得出的，你可以放心阅读。我们总共发表了 200 多篇研究文章，内容正是我们与你分享的资料。我们邀请你来到幕后，了解在实验室和课堂上开展的研究中所发现的秘密。然而，尽管我们非常擅长为同行评审的研究期刊撰写文章，但这本书是为你（亲爱的学生）而写的，而不是为学术研究人员而写的。本书旨在为每一位想要了解如何学习的大学生提供帮助。

我们认识到，许多教师并没有花太多时间教学生如何学习。许多大学教师要么认为学生在高中或大学入门课程中已经学会了如何学习，要么认为教学习技巧不是他们的职责。在其他情况下，教师可能会分享有关最佳学习方法的建议（例如，"确保分散学习""确保自我测试"），但不会确切地分享具体如何遵循这些建议，他们也不会奖励最优学习习惯。即便是勤奋学习的学生也常常认为，他们学习的时间长度比他们如何利用学习时间更重要。我们写这本书的目的就是为了从根本上解决这些问题——解释如何安排学习时间，以及坐下来学习时究竟该做些什么。

我们还希望揭开学习背后的认知科学的神秘面纱，因此，我们提供了简单的、经过课堂测试的工具，帮助人们开始并保持终身学习的习惯。我们希望你成为学习冠军，因此，我们提供了清晰的步骤，指导你如何计划、监测和评估你的学习，并配有易于遵循的说明。实际上，我们首先说明要做什么，然后解释每个步骤的重要性。这不是一本教科书，而是让你成为学习冠军的训练手册。

我们的起源故事

曾几何时，我们都是位于西雅图的华盛顿大学的研究生。当时我们的年龄与现在不同，头发的长度也肯定与现在不一样，约翰（John）显然不知道理发师是干什么的。里根（Regan）还记得，他第一次见到约翰时的情景：约翰正沿着走廊大步流星地往实验室走，途经里根的办公室时，一头乱发飞舞。约翰是一位认知心理学家，里根是一位社会心理学家。我们都热衷于研究怎样才能使人们的学习效果更好。研究生毕业后，我们走向了两个不同的方向：无论是地理位置上还是研究兴趣上，都是如此。

转眼很多年过去了，我们都成了成功的研究者和资深教师。我们注意到，有很多关于学习的优秀科学研究成果，但很少有人关注如何向学生解释这些成果。有时候，教师会在课堂上告诉学生该做什么，然而，与许多教师交谈后，我们发现，他们更注重课堂内容，并不分享学生应该如何最好地学习这些内容。许多教师对学习存在误解！毕竟，他们并非认知领域的专家。

致　谢

我们决定采取行动，开始研究市面上关于学习的各种书籍，发现我们有一些新的、与众不同的观点和想法。我们很早就得到了埃里克·兰德鲁姆（Eric Landrum）和克里斯蒂娜·卡多内（Christine Cardone）的支持，他们认为这是个好主意，并鼓励我们向前推进。克里斯蒂娜还阅读了这些章节的早期版本，并提供了一些有益的反馈意见。我们对此表示感谢。美国心理学会图书出版社（American Psychological Association Books）的另一位"克里斯"——克里斯托弗·凯拉赫（Christopher Kelaher）也给予了我们极大的热情，他与我们签订了合同，使这本书得以迅速面世。对此，我们心存感激。我们还要感谢贝丝·哈奇（Beth Hatch），一位支持我们、眼光独到的策划编辑，以及三位为我们编写最终版本提供重要意见的审稿人。这里要特别感谢佩奇·赫尔博德（Paige Herrboldt）专门为本书所有章节结尾绘制插图。

感谢我们的学生。我们两个人都受到了他们的启发，也受到了与他们以及现在与你分享心理科学的热情的鼓舞。本书中的许多例子都来自学生的真实问题、留言和突发事件。是的，我们也从照片墙（Instagram）的备忘录和大学 TikTok 视频中获得了一些灵感。

我们还要特别感谢我们的合作伙伴对我们的支持。此外，还要感谢一只可爱的猫 Haki（约翰）和一只可爱的狗 Katsu（里根）陪伴着我们。

目　录

第三部分
课堂
之外
155

第一部分
基础

01 第一章
你以为你知道如何学习吗?
我们来讨论一下

> 在本章中, 你将学到:
>
> 为什么你可能并不真正了解你自认为知道的东西,
> 关于学习的主要误区以及预测学习的关键因素。

要想成为一名学习冠军, 你只需要看看运动员是如何成为冠军的。我们的学生凯拉 (Kayla) 是一名体操冠军, 同时也是一名平均绩点为 4.0 的优等生, 是典型的学生运动员。如果你问她是如何成为冠军的, 凯拉会告诉你两个关键因素: 知道要做什么, 然后多练习。当然, 拥有优秀的教练也很重要, 我们会在这方面提供帮助, 告诉你该怎么做。虽然我们不自诩伟大 (我们很谦虚), 但多年来, 我们不仅一直在指导学生如何学习, 而且还对如何成为学习冠军进行了研究。加入我们吧, 你也可以成为学习冠军。你会清楚地知道该做什么, 我们也会告诉你怎么做, 你所要做的就是多加练习。

大多数刚上大学的学生都有一套固定的做事方法。毕竟,

"学习"很简单，对吧？你去上课，记笔记，拿起课本，读一遍，也许再读一遍，然后读你的笔记，制作快闪卡片，在考试前一两个晚上拿出来过一遍，然后你就准备好了，对吗？然而，有些学生并没有完成上文最后一句话中的所有活动，也有很多学生完成了，并且还使用了其他策略。但是，这些是最好的学习方法吗？研究结果可能会让你感到惊讶。

做好心理准备吧！我们知道你可能已经有自己最喜欢的学习方法了。毕竟，父母和老师总是告诉你如何学习。你的学习习惯好吗？继续往下读，你会找到这个问题的答案。我们将与你分享像学霸一样学习的最有效方法。

在接下来的八个章节中，我们将为学习难题提供解决方案，比如，如何更好地使用快闪卡片以及许多其他方法。我们的目标是突出学生学习的各种方法，指出哪些方法确实不太有效，最重要的是，我们强调那些行之有效的方法，并详细介绍如何一丝不苟地使用它们。

等等，"我们来讨论一下"是什么意思

这一章的副标题并非粗俗之语。是的，当我们谈论学习的时候，会使我们联想到"苦苦寻找答案"。这个短语或许就是决定你花多少精力学习和是否停止学习的关键。我们都认为自己知道如何学习，而且只要我们努力了，就表明我们做对了。

学习时面临的第一个挑战就是要清楚地了解自己知道什么、不知道什么。认知科学家称之为"知晓感"（FoK）。对于每一节课、每一项作业或每一个主题，你都有一个相应的知晓感。有时候，这种知晓感会很强烈，你确信自己已经掌握了课程内容。然而，遗憾的是，知晓感通常是不可靠的指标，无法准确

地反映出你是否真正了解了某项内容。在我们概述一些关于学习的主要误区之前，让我们先看看你可能已经知道的内容。记住，在面对新信息之前，最好先确定自己已经知道的内容。

以下调查是为一个关于学习习惯的研究项目而开发的（Bartoszewski & Gurung，2015）。

现在开始：你的学习习惯怎么样？

想想你最具挑战性的课程，然后回答下列问题，说明你在学习该课程时的情况。对于每个问题，请使用以下评分标准来表明你同意或不同意的程度：非常不同意 =1，不同意 =2，有点不同意 =3，有点同意 =4，非常同意 =5。

一、请想一想，你在阅读时是如何使用高亮标注 / 下划线标记待学习材料的潜在重要部分的

1. _____在指定的阅读材料中，我会用高亮标注或下划线标记信息。

2. _____我经常在一页内用高亮标注或下划线标记信息。

3. _____我更喜欢使用或学习指定阅读材料中已经被先前使用者用高亮标注或下划线标记过的部分。

4. _____我会在特定的一周内查看或使用我之前用高亮标注或下划线标记过的材料。

5. _____我发现指定阅读材料中用高亮标注或下划线标记过的信息很有用。

二、请考虑为待学习的文本材料写（不同长度的）摘要

1. _____阅读完指定材料后，我会写之前阅读材料的摘要。

2. _____讲座结束后，我会写下当堂所讨论的信息的摘要。

3. _____我会被指派写阅读材料或讲座的摘要。

4. _____我发现写出新近学到的材料的摘要很有用。

三、请考虑使用关键词和心理意象来联想语言材料

1. _____我会将关键词和心理意象联系起来学习语言材料。

2. _____在考试时，我会使用将关键词与语言材料相关的心理意象联系起来的策略。

3. _____我发现使用关键词和心理意象来联想语言材料很有用。

四、请考虑在阅读或聆听过程中尝试形成文本材料的心理图像

1. _____我会在阅读或聆听过程中形成文本材料的心理图像。

2. _____我会回想起在阅读或听力考试中所形成的文本的心理图像。

3. _____我发现在阅读或聆听过程中形成文本材料的心理图像很有用。

五、请考虑在初读之后再重新学习文本材料

1. _____我会回头重新阅读我没有理解的内容。

2. _____在准备考试时，我会回头重新阅读指定的阅读材料。

3. _____在考试时，我能够回忆起我重新阅读过的内容。

4. _____在重读第二遍后，我能够理解文本材料。

5. _____我发现重新阅读以前读过的内容很有用。

六、请考虑在单次学习过程中实施混合不同类型问题的练习计划或混合不同类型材料的学习计划

1. _____我会在一次学习过程中混合不同类型的问题。

2. _____我会在一次学习过程中学习不同类型的材料。

3. _____我发现在一次学习过程中混合不同类型的问题的练习很有用。

4. _____我发现在一次学习过程中学习不同类型的材料很有用。

七、请考虑解释为什么一个明确陈述的事实或概念是正确的

1. _____我会解释为什么一个简单的事实或概念是正确的。

2. _____我确信，解释为什么一个简单的事实或概念是正确的，有助于我学习特定的材料。

3. _____我发现，解释为什么一个简单的事实或概念是正确的，很有用。

八、请考虑在课堂上解释新信息与已知信息的关系或在解决问题的过程中采取的步骤

1. _____我会把新信息与先前已知的信息联系起来。

2. _____我会解释在解决问题的过程中所采取的步骤。

3. _____我能够在考试中回忆起与先前已知的信息相关的新信息。

4. _____我能够在考试中回忆起我在解决问题的过程中所采取的步骤。

5. _____我发现解释新信息与已知信息的关系很有用。

6. _____我发现解释在解决问题的过程中所采取的步骤很有用。

7. _____我确信，将新信息与先前已知的信息联系起来，有助于我学习材料。

8. _____我确信，解释在解决问题的过程中所采取的步骤，有助于我学习材料。

九. 请考虑对即将学习的材料进行自我测试或模拟测试

1. _____ 我经常在特定的一周内对课堂上所学的材料进行自我测试。

2. _____ 我会在特定的一周内参加班级测验。

3. _____ 如果有无限的机会，我会重新参加测验，直到得到我想要的分数。

4. _____ 我常常能够回忆起自我测试或模拟测试中的考试材料。

5. _____ 我发现进行自我测试或参加模拟测试很有用。

6. _____ 我确信，进行自我测试或参加模拟测试，会提高考试成绩。

7. _____ 我发现每周参加一次班级测验很有用。

十、请考虑实施一个练习计划，将学习活动分散到不同的时间段

1. _____ 我会把学习活动分散到不同的时间段。

2. _____ 当考试来临的时候，我觉得自己已经准备好了，因为我把学习活动分散到了几个星期中。

3. _____ 我确信，将学习活动分散到不同的时间段，有助于我学习课堂上的特定材料。

4. _____ 我确信，将学习活动分散到不同的时间段，会提高考试成绩。

5. _____ 我每周至少花一个小时学习一门课程。

　　这意味着：这份调查共有 10 个部分。将你在每个部分的得分分别加起来，这样你就能了解到自己使用这 10 种学习技巧中的每一种的程度。在接下来的部分中，你可以了解哪些对你更有用，并可以相应地调整使用方法。

我们自以为知道的十件事（其实是错的）

在这本书中，我们着重探讨许多不同的误区。关键是不要让这些未经证实的、有时甚至是错误的学习观念妨碍自己的学习。以下是一些最大的误区（De Bruyckere 等人，2015）：

1. 人们有不同的学习方式，这与如何有效地教授或学习有关。

2. 学习效果可以用金字塔来表示。

3. 通过非正式途径学习最多（70%），其次是向他人学习（20%），再次是通过正规教育学习 (10%)。

4. 拥有知识并不重要，因为你什么都能查到。

5. 知识像鲜鱼一样容易变质。

6. 如果你自己去发现（而不是别人告诉你)，你会学得更好。

7. 你可以通过问题式教育有效地学习。

8. 男生天生比女生更擅长数学。

9. 在教育中，你需要考虑各种不同的智力。

10. 我们的记忆准确地记录了我们的经历。

你可能听说过其中的许多误区，但真正让大多数教师感到不安的是第一个，这也许是对学习最常见的误解（Weinstein 等人，2018）。许多人认为，当教学方式与他们最喜欢的学习方式相匹配时，他们会学得更好。例如，如果他们更喜欢通过视觉或"动手做"来学习，那么他们的老师应该分别通过视觉或体验来教授他们。然而，数据表明情况并非如此。帕什勒（Pashler）及其同事（2008）在一项研究这个问题的重要评论中指出，最佳教学方法涉及不同的风格，学习方式和教学风格的匹配并不重要。下次当有人告诉你他们希望他们的老师以符合他们的方式教学时，不妨分享一下这个观点。

学习方式问题只是冰山一角，还有许多其他误区。我们的第二大不满与学习金字塔（也被称为学习锥）有关，如图 1-1 所示。该模型据称是由美国国家培训实验室研究所（National Training Laboratories Institute）于 20 世纪 60 年代初开发出来的，但是准确细节却难以追踪。尽管它在社交媒体上被广泛传播，但它并不准确，并且反映了我们对学习方式的重大误解。这个数字没有任何事实依据，所以不要理会它。

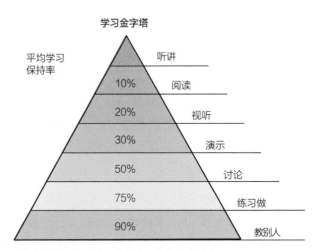

注：模型归属于缅因州贝瑟尔的国家培训实验室。

图 1-1　社交媒体上广泛流传的一个模型，它并不准确，
且反映了我们对学习方式的重大误解

尽管主动学习是有效的（Bernstein，2018），但也有很多形式的主动学习，比如小组合作和大声解决问题，这些方法

并不总是有效，并且可能会影响你的学习。最重要的是，图1-1中的数字并非来自任何可靠的研究。经过仔细检查，发现这些数字不过是粗略的估计和猜测而已（De Bruyckere 等人，2015）。所以，不要惊慌，因为即使你没有机会"教别人"或"练习做"，你的学习也不会受到影响，尽管在某些情况下这些方法可能是有用的。

你不能因为相信我们前面列出的许多误区而责怪自己。事实上，一项对美国教师培训项目的研究表明，59%的项目没有提及任何基于认知心理学强大实验研究的关键学习原则（Pomerance 等人，2016）。此外，与学习相关的不准确结论是如此普遍和广泛，以至于一些研究人员也信以为真了（De Bruyckere 等人，2015）。社交媒体推波助澜，使得共享以讹传讹的信息图表比教育学生了解学习的真相更容易。说到底，你能用一条140个字符的推文做些什么呢？即使你阅读了有关教育的研究文献，你仍然可能不知道该相信什么。要了解原因，请查看表1-1中所示的关于哪些方法对学习有效，哪些方法对学习无效的两个总结。

看到什么有趣的东西了吗？即使你从来都不擅长这些分辨差异的难题，你也应该注意到两列表格列出了相同的项目。这是因为一项研究可能发现使用某种方法（例如小组学习）是有用的，而另一项研究却没有发现相同的结果。正因为如此，你应该对自己所阅读的内容持批判的态度，并对研究方法有一个基本的认识。有些类型的研究比其他类型的研究更可靠。例如，如果你看到"元分析"这个词，你应该多加注意，因为元分析是将许多不同的研究结果综合在一起的研究，因此是最有力的科学证据示例。图1-2显示了科学证据的层次结构，最有力的证据位于顶层。

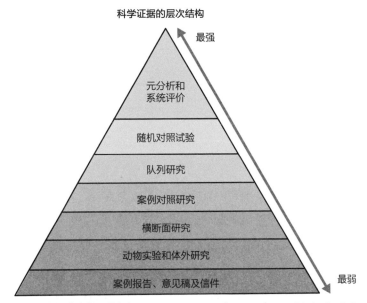

注：摘自《科学逻辑》（*The Logic of Science*），2016（https://thelogicofscience.
files.wordpress.com/ 2016/04/hierarchy-of-evidence-no-not1.png）。版权归作者所有。

图 1-2　科学证据的层次结构

表 1-1　相互矛盾的结果

研究发现，以下方法对学习有帮助	研究发现，以下方法对学习没有帮助
传统讲座	传统讲座
主动学习	主动学习
服务式学习	服务式学习
基于问题的学习	基于问题的学习
小组学习	小组学习
辅导	辅导
合作学习	合作学习

（续）

研究发现，以下方法对学习有帮助	研究发现，以下方法对学习没有帮助
探索式学习	探索式学习
归纳式学习	归纳式学习
范例学习	范例学习
跨学科教学	跨学科教学
理想的难度	理想的难度
以学习者为中心的教学	以学习者为中心的教学
以课程为中心的学习	以课程为中心的学习
在线教学	在线教学
点击器	点击器
PowerPoint 演示	PowerPoint 演示
幻灯片	幻灯片
粉笔授课	粉笔授课
可教时刻	可教时刻
通用教学设计	通用教学设计
多元智能	多元智能
科尔布的学习风格	科尔布的学习风格
日志记录	日志记录
反思性实践	反思性实践
互惠教学	互惠教学
未覆盖范围	未覆盖范围
概念图	概念图
问题生成	问题生成
电影片段	电影片段
实验室授课	实验室授课

（续）

研究发现，以下方法对学习有帮助	研究发现，以下方法对学习没有帮助
视频片段	视频片段
角色扮演	角色扮演
模型制作	模型制作
程序教学	程序教学
凯勒教学法	凯勒教学法
技能练习	技能练习
指导性练习	指导性练习
协作学习	协作学习
学徒制	学徒制
情境学习	情境学习
真实性评价	真实性评价
形成性评价	形成性评价
课堂研究技巧	课堂研究技巧
读书报告	读书报告
课堂讨论	课堂讨论
小组讨论	小组讨论
思考—结对—分享	思考—结对—分享
同伴指导	同伴指导
概念测试	概念测试
专家小组	专家小组
头脑风暴	头脑风暴
案例研究	案例研究
活页练习题	活页练习题
特邀发言人	特邀发言人

然而，评估研究并不是这本书的主题。我们已经为你筛选了研究，你可以放心，我们在本书中提供的学习技巧都是基于现有的最可靠的研究成果。

什么是元认知

我们从大量研究中得知，要像学习冠军一样学习，你的主要目标是提高自己的元认知能力。元认知就是对自己的思维进行思考。当你有意识地审视自己知道什么、不知道什么，并尝试改变自己的思维过程时，你就是在做元认知工作。人们对日常活动有各种各样的自动想法和反应。当你开始学习时，你会自动使用多年来一直使用的相同策略，而不必审视自己在做什么。我们人类并不总是使用最有效的思维方式，而且我们往往采用不健康的思维方式。尽管研究人们为什么对自己有偏见、夸大或消极的看法是很有趣的领域，但这些并不是本书要讨论的思维类型。事实上，有时我们的"知晓感"确实也会膨胀，这类思维正是我们所关心的问题。

> 当你有意识地审视自己知道什么、不知道什么，并尝试改变自己的思维过程时，你就是在做元认知工作。

自从约翰·弗拉维尔（John Flavell）在 1979 年首次提出元认知这个术语以来，它一直是认知研究的重点关注领域。原因显而易见，由于元认知涉及许多关键功能，例如有意识地将自己视为问题解决者以及准确判断自己学习水平的能力等，因此对元认知的研究一直是认知和教育研究的重要组成部分。你阅读这本书并不是为了了解元认知的研究，但如果你想了解更多信息，你可能要查阅邓洛斯基（Dunlosky）和罗森（Rawson）（2019）的著作，其中包含了对阅读、做笔记、计划等相关研究的综述。

在接下来的章节中，我们将介绍元认知的三个不同部分，因为它们与学习和研究有关。首先，你需要能够更好地规划你的学习。其次，你需要监测你的学习情况，注意你知道什么、不知道什么。最后，你需要根据你的学习评估来修订你的计划。像学习冠军一样学习所涉及的主要认知策略包括这三个元认知要素，知道哪些策略最有效也是元认知的一个方面，因为它涉及关于大脑如何工作和学习的知识。

成为学习冠军：概览

研究发现了许多影响学习效果的变量（Komarraju & Nadler，2013；Robbins 等人，2004）。以下是教育心理学文献中最常讨论的一些因素（Gurung，2016）：

- 动机
- 习惯
- 能力
- 努力
- 自我效能
- 社会支持
- 目标

这些因素不足为奇。当然，你需要努力学习、关心自己的学习和成绩，并设定目标、养成良好的学习习惯。你还应该确保自己有一个积极的心态，包括相信智力是灵活的，不是固定不变的（Dweck, 2007）。尽管这些学习预测因素中有许多似乎显而易见，但其他预测因素却不常被讨论，其中的社会支持和自我效能（即相信自己能够成功完成某事）是两个令人惊讶的因素。许多老师可能没有充分认识到支持和融洽关系的重要性，但很明显它们是成功学习的关键要素。在盖洛普－普渡大学对成功大学生的一项重要研究中，30000多名受访学生中有63%的人表示，至少有一位能够激发他们学习兴趣的教授对他们的成功至关重要（Gallup, Inc., 2014）。感受到老师的关心，以及有一个鼓励他们追求目标和梦想的导师，也被认为很重要。

是否还存在其他显著的因素，即使它们不像刚刚提到的因素那样经常被讨论？哪些因素实际上最为重要？约翰·哈蒂（John Hattie，2015）仔细研究了超过65000项关于学生成绩的研究。这些研究总共涉及将近2.5亿名学生。是的，2.5亿。他进行了复杂的元分析，并使用了一个方便的统计指标，称为效应值，它可以让你强烈地感受到某个因素的重要性。效应值越大，这个因素就越重要（因此，这是你在阅读研究报告时值得关注的一个重要统计数据，即使是在社交媒体上浏览）。

哈蒂制作了一张表格，列出了影响学习的前195个因素。最重要的指责因素（影响程度较低或为负效应值）包括抑郁和看电视，而值得称赞的重要因素（具有正效应值）则包括教师对学生成绩的评估、教师效能、学习技巧和课堂讨论。班级规模？这并不重要。单性别学校、性别或测试类型？几乎没有影响。等等：还有更棒的。

哈蒂后来做了一件事，为我们节省了很多时间。他结合所有不同研究的数据，寻找影响学习的共同因素，目的是找出对学习最有影响的因素。哈蒂的研究表明，影响学习的最重要的因素是你的学习方法，约占总影响的一半，其次是教师素质——教师的工作、培训和特点，占学习差异的 20% 到 25%，其余的可以归因于你的同伴（5%）、家庭因素（5%）以及其他一些较小的影响因素（见图 1-3）。就我们的目的来说，最重要的发现是：学习的一半取决于你的所作所为。

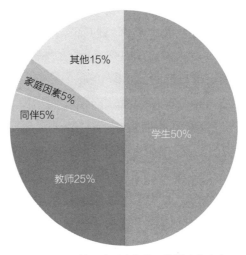

图 1-3　不同的因素对我们学习的影响有多大？
一项重要元分析研究的结果

那么，如果学生的学习习惯占 50%，那哪些学习习惯是最有效的呢？在可能是迄今为止最深入的学习技巧综述中，邓洛斯基（Dunlosky）等人（2013）对 10 种学习技巧的有效性进行了评估，这些技巧都是免费使用的，而且（至少有一些）是学生经常使用的。他们还根据这些学习技巧适用于不同学习者、班级、内容、考试和教育环境的程度，对其应用价值或实际效用进行了评价。表 1-2 列出了所有这些技巧，并给出了定义。尽管这 10 种技巧的效用各不相同，但它们都可以提高学习效果。实际上，你在本章前面完成的"现在开始"调查（我们希望你已经完成）中已经接触了其中的大部分技巧。在接下来的章节中，我们将介绍哪些技巧最有效，以及如何使用这些技巧、针对哪些课程使用这些技巧。

在学习效果的影响因素中，学习方法占比近一半。

表1-2　认知科学的十大学习技巧

技巧	描述	应用价值	本书章节
间隔练习（又名分散练习）	执行将学习活动分散到不同时间段的练习计划	高	第四章
检索练习（又名模拟测试）	对要学习的材料进行自我测试或模拟测试	高	第五章
交错练习	在一次学习过程中混合使用不同类型的问题/材料	中等	第六章
自我解释	对为什么一个明确陈述的事实或概念是正确的做出解释	中等	第六章
解题范例	学习如何解决问题的详细范例	中等	第六章
高亮标注/下划线	在阅读时标注待学习材料的潜在重要部分	低	第七章
重读	初读后再次重读文本材料	低	第七章
总结	撰写待学习材料的摘要（不同长度）	低	第七章

（续）

技巧	描述	应用价值	本书章节
使用意象	在阅读或聆听时尝试形成文本材料的意象	低	第七章
关键词记忆法	使用关键词和心理意象来联想语言材料	低	第七章

注：数据来自邓洛斯基等人（2013）。

课堂内部一瞥

如果你通过填写"现在开始"调查表来了解自己使用了哪些学习策略，那么，你可能会想知道其他学生倾向于使用哪些策略，你也可能想知道这些策略对课程成绩是否真的重要。让我们来看一项真实的课堂研究，旨在了解学生使用的学习策略，以及这些策略与课程成绩之间的关系。如果你跳过了调查，现在正是返回去完成调查的好时机。

里根（Regan）的一名本科生布丽安娜·巴托谢夫斯基（Brianna Bartoszewski）进行了一项很棒的课堂研究，其中包括对"现在开始"调查中包含的10种学习技巧的测量（Bartoszewski & Gurung，2015）。此外，布丽安娜和里根还让学生对课程讲座和教授进行评分，以了解与考试成绩相关的不同因素与学生经常使用的学习技巧的对比情况。事实上，在"现在开始"部分，你已经完成了布丽安娜和里根所使用的一部分调查。

学生们列出了他们最喜欢的课程，然后回答了自己在这门课上的学习习惯问题。图1-4显示了每种技巧的使用程度。它是否反映了你最常用的技巧？值得注意的是，有些技巧，如重读和关键词记忆法，尽管在列表中排名靠前，但它们并不如其他技巧有效。

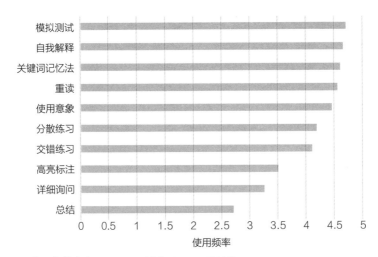

注：数据来自 Bartoszewski 和 Gurung (2015)。

图 1-4　十大学习技巧在大学课堂中的运用

　　但是，这项研究中的学生也使用了许多我们所知道的最有效的技巧，也是我们在本书中重点介绍的技巧。例如，经常使用模拟测试等高效技巧。一些技巧的使用也与其他技巧相关联。例如，将高亮标注／下划线作为学习技巧的学生也使用了交错练习、关键词记忆法、文本意象和重读等。如果你对其中一些术语感到陌生，不要担心，在后面的章节中，我们会对这些术语进行深入解释，并提供大量例子。

　　对你来说，好消息是，这项研究的结果表明，你应该结合不同的学习方法来提高学习成绩。你如何做到这一点？表 1-2 中预览的那些不同的技巧是什么？要想知道答案，你可以跳转到本书的第二部分。

小结

在美式足球比赛中，你经常会看到球员们在比赛前迅速围成一个圈。在这个聚集过程中，他们会总结进攻的关键策略：赢得比赛。为了与我们"像冠军一样学习"的主题保持一致，我们在每一章的末尾也增加了一个类似的聚集环节，将本章的主要内容集中在一起，旨在帮助你取得成功。在本章中，我们分享了学生（和教师）关于学习的许多误区。找出有效方法的最佳途径是进行科学研究。因此，当我们讨论哪些策略最有效时，我们会介绍一些科学研究，当然，我们还会解释如何使用最有效的策略，这样你就可以立即利用这些策略，像冠军一样学习。

主要训练技巧

- 学习冠军不相信有关学习的许多误区，他们认为许多因素都会影响学习。不要被它们所迷惑。
- 借用体操界的一句话，"平稳落地"（Sticking Your Landing）需要的是最有效的学习技巧（而不是全部10种）。

深入学习，追求卓越

Bruyckere, P., Kirschner, P. A., & Hulshof, C. D. 的《学习和教育的城市误区》（*Urban myths about learning and education*），2015，Elsevier。

注：由佩奇·赫尔博德（Paige Herrboldt）绘制。经许可印刷。

02 第二章
重要的事先做：计划！

在本章中，你将学到：

你的拖延症程度如何，如何培养自己的自制力，以及计划所有活动、使之尽可能完成的最佳方法。

　　20世纪60年代，澳大利亚悉尼市希望建造一座能吸引大批游客的建筑。于是，城市领导人邀请来自世界各地的建筑师提交设计方案，以建造一座世界上前所未有的引人注目的建筑。中标的方案是能让人联想到一艘挂满风帆的轮船的建筑设计。你可能已经看过悉尼歌剧院的照片，但你可能不知道它背后的故事。当时计划用4年时间建成这座建筑，预算为700万美元。然而，当建筑竣工时，成本已高达1.02亿美元，而且时间已经过去了14年。是的，超过了1亿美元，而不是700万美元——比最初的估计多出14倍之多！这显然是一次史无前例的失败，也是证实规划非常重要的一个关键例子。

　　为什么这个项目如此拖延且超出了预算？该城市的规划并没有考虑到工程的方方面面。这座建筑位于一个港口之上，这意味着地基必须建在水中。精心设计的屋顶对所用材料提出了很高的结构要求。地基不断下沉，为承受设计压力而使用合适材料的成本导致造价飙升（Holliday，2017）。城市规划者描绘了最终的产品，但并没有涵盖实现该产品可能面临的所有障碍。

每学期，成千上万的学生都会犯类似的计划错误。一个星期五，当我们与我们的一名学生达里尔（Daryl）交谈时，他说他计划在周末写两篇论文，并阅读另外三门课的内容。然而星期一的时候，他却告诉我们他忘记了此事，因为那天是他搭档的生日，整个周末都用来庆祝了。他的车在周六也出了故障，这打乱了他的计划。最糟糕的是，周六晚上，当他边吃零食边翻看电视节目时，发现了一部他非常喜欢的电影。尽管他只想看到吃完为止，但他最终还是看完了整部电影（而且吃的也比他计划的要多）。在生活中，我们都遇到过类似的经历，由于这样或那样的原因，我们的计划无法实现。

像冠军一样学习的首要要素就是做好计划。在本章中，我们讨论了许多与良好计划相关的因素，请你自我检测自己的拖延症，我们还提供了一些实用的工具，帮助你做好计划。

现在开始：测量你的拖延程度

说明：大量研究表明，拖延是一种实际存在的、可测量的人格特质，通常与不良学习习惯和负面结果有关。不要被一些社交媒体帖子所误导，这些帖子认为故意拖延任务对某些学生来说可能是一种有益的策略。这种观点缺乏支持的证据（Pinxten 等人，2019）。如果你是一个拖延症患者，那么，你就需要更加关注本章中讨论的计划策略。完成以下量表，以确定你的拖延程度。

要求：你可以使用以下陈述来描述自己。对于每个陈述，请使用以下 5 分制来判断该陈述是否与你的特点相符。注意，量表上的 3 表示中性——该陈述既不具有特征也不具有非特征。请在每条陈述右边的方框中，填入最能描述你的 5 分制数字。

极不相符	中度不相符	中性	中度相符	极其相符
1	2	3	4	5

1. 我经常发现自己在做几天前就打算做的事情。	
2. 我在交作业前才做作业。	
3. 当我读完图书馆的书时，不管是否到期，我都会立即归还。	
4. 早上该起床的时候，我通常会立即起床。	
5. 我写完信后，可能会放上几天才寄出。	
6. 我一般都会及时回电话。	
7. 即使是那些只需要坐下来就能完成的事情，我也发现自己很少能在几天内完成。	
8. 我通常会尽快做出决定。	
9. 在开始做我必须做的事情之前，我通常都会拖延。	
10. 我通常要赶着按时完成任务。	
11. 在准备外出时，我很少在最后一刻才做一些事情。	
12. 在赶最后期限完成任务时，我经常会把时间浪费在做其他事情上。	
13. 我更喜欢早早出门去赴约。	
14. 我通常在接到任务后不久就开始工作。	
15. 我经常会提前完成任务。	
16. 我似乎总是在最后一刻才去选购生日礼物或圣诞礼物。	
17. 我通常会在最后一刻买下一件必需品。	
18. 我通常会完成我每天要做的所有事情。	
19. 我不断地说："我明天再做。"	
20. 我通常会在晚上就寝前完成所有必须做的事情。	

要计算你的拖延程度得分，请首先勾选问题：3、4、6、8、11、13、14、15、18、20。对于每个问题，请使用这个简单公式将其转换为新数字：如果你填的是 1，就将其转换成 5；填的是 2，将其转换成 4；填的是 4，将其转换成 2；填的是 5，将其转换成 1。现在将所有数字加在一起，得出的总和就是你的拖延程度得分。你的得分越高，就越有可能是一个拖延症患者。让你的朋友或同学计算一下他们的得分，看看你和他们相比如何。

自我调节的重要性

你对自己有正确的认识吗？我们指的不是"我是怎样的人"这个宏大问题（尽管我们确信这个问题会让一些人彻夜难眠）。在本书中，我们指的是："你是否善于为自己需要学习的东西设定目标，你是否制订了实现这些目标的计划，监控自己的进度，并在必要时修改计划？"做到所有这些意味着你的自我调节能力很强（Hacker & Bol，2019）。自我调节是像冠军一样学习的关键。

自我调节的主要思想是一个循环，你可以通过这个循环计划、监控和评估自己的成绩（如图 2-1 所示）。认知科学家确定了这个循环的三个主要阶段：(a) 事前阶段、(b) 执行阶段和 (c) 自我反思阶段（Zimmerman，2008）。你的成绩和成功取决于你在这个循环中对特定要素的关注程度。

在事前阶段，你需要把自己想要学习的内容分解成子部分，并设定你希望达到的目标。你认为自己能完成目标的程度（自我效能感）、你是否期望成功（结果预期）、你的动力和兴趣都会影响你的目标设定以及你能否成功地进入下一个阶段。

执行阶段是自我控制发挥重要作用的时期。你能否集中注意力？你能否限制干扰？请注意，这里的挑战是为你自己的学习（或完成任何任务）创造最佳条件。你为学习创造的条件越有效，学习就越有可能发生。执行阶段的很大一部分是关注你所知道的和你的学习体验。如果你觉得你没有理解某个概念，或者你觉得材料枯燥乏味，不妨试着做一些积极的、有建设性的事情。也许你可以快步走一小会儿，也许你想听一听自己想了解的话题的播客。这两种方法都不错。或许你还想拿起手机，沉浸在社交媒体中，但这样并不能解决问题。关键是要训练自己认识到自己的进步或不足，并进行调整，以便使自己更有可能取得进步。这种自我观察可能包括记录自己的行为、想法和感受，或者只是在思想上更加重视它们。这有助于你更好地计划和调整。

在最后一个阶段，即自我反思阶段，你要制定成绩标准，并根据该标准衡量自己的成绩。例如，你可以努力学习，直到你在章节测验中达到至少 80% 的正确率。停止学习，参加测试，如果你的分数低于 80 分，回去再复习材料。你自己对你是否学到了东西的估计、感觉或主观判断可能与客观的学习衡量标准（比如考试成绩）不符。此外，你对自己知识掌握的程度以及考试情况的感觉可能与你的实际考试成绩不符。这种匹配被称为校准，认知科学对影响校准的因素有很好的诠释（Hacker & Bol, 2019）。良好的自我调节也能达到最佳标准，所以，培养这两个关键的认知因素有助于你更好地理解如何像冠军一样学习。

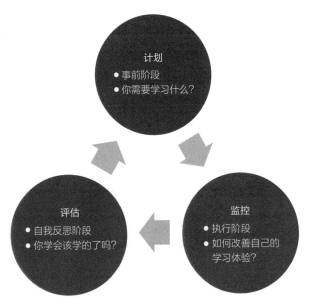

图 2-1　自我调节循环

　　许多研究表明，关于校准有三大主要结论：

　　第一，大多数人对自己对材料的了解程度过于自信：具有讽刺意味的是，成绩越差，过度自信越严重。大卫·邓宁（David Dunning）和贾斯汀·克鲁格（Justin Kruger）（1999）在一个现在以他们的名字命名的现象中捕捉到了这种效应。他们发现，对于那些对某一主题知之甚少的人来说，校准尤其困难，即使面对相反的客观证据，他们仍然会由于缺乏认知而认为自己对这个材料了如指掌。邓宁 - 克鲁格效应似乎源于这样一个事实：如果你对某一主题缺乏最起码的了解，你与之相关的元认知能力就会受到阻碍。由于人们往往没有意识到自己的知识少得可怜，所以他们对自己错误的过度自信浑然不觉。

　　第二，我们的校准误差出人意料地难以改变。举一个极端的例子，即使在一个学期的 13 次考试后，学习教育心理学课程的学生仍然过于自信——他们没有调整自己的学习习惯（Foster 等人，2017）。我们的判断有时甚至比我们的成绩还稳定。

第三，毫不奇怪，我们对考试后知识掌握程度的判断比考试前的判断更准确。所以，现在你知道了校准，但你打算怎么做呢？

关于改进校准及其性能的研究产生了许多喜忧参半的结果，我们确实有一些建议给你。有两项研究的结果表明，得到良好的指导、完成手头的任务和要学习的材料、受到奖励以及获得良好的反馈，都与第一次考试到第二次考试的分数提高有关（Callender 等人，2016）。请注意，其中只有一项的控制权掌握在你自己手中。如果你的老师没有给你明确的指示，或者如果你觉得你的学习没有得到足够的反馈，那么，我们强烈建议你提出来。要求在研究的基础上改变教学并不是一个新想法，但大多数学生并没有考虑过这样做（Putnam 等人，2016）。

培养自我调节能力

你可能听说过棉花糖研究。心理学家沃尔特·米歇尔（Walter Mischel）（2014）给了近 500 个孩子一个选择。他们面前放着一颗看起来很好吃的棉花糖，他们可以随时吃，或者可以再等一会儿，然后可以得到两颗棉花糖。在孩子们做决定的时候，研究人员离开了房间。有些孩子立刻吃掉了他们面前的棉花糖，有些孩子则延迟了他们的满足感，等待研究人员返回，以获得两颗棉花糖！这项研究之所以出名，是因为米歇尔发现，那些为了得到两颗棉花糖（或者在另一个版本的研究中，是额外获得一块饼干）而延迟满足感的孩子在生活中表现得更好。是的，他对这些孩子进行了多年的跟踪调查，发现那些能够延迟满足感的孩子更成功。

延迟满足感是自我调节的一种形式，而且非常相关。我们往往没有提早开始学习（或远离工作），而是转向更愉快、更令人满足的任务，比如看电影、和朋友出去玩等。在辛苦的工作完成之后等待奖励是很难的，但是，我们鼓励你这样做。有一些简单的方法可以帮助你延迟满足感。例如，设定特定的时间或项目里程碑，只有达到一定的时间（例如30分钟）或完成一定数量的工作（如读完一章）后才能享受这些有趣的活动。培养自我调节能力涉及一些明确的阶段，这些阶段在很大程度上建立在延迟满足的基础之上，并直接对应到你作为学生需要做的事情。

> 能够延迟满足感的人在计划、监控和评估其学习方面做得更好。

培养自我调控能力的主要目标是计划、监控和评估自己的学习。尽管这些目标很容易理解，但实现起来却比较困难。为了帮助你，我们为你提供了一些明确的问题，供你自问。这些问题如表2-1所示，借鉴了坦纳（Tanner）（2012）的研究，非常明确。对于每一堂课，请根据表中的问题进行自问。

评估你的元认知水平

你可能对我们谈论的概念（例如监控）有一个日常的理解，但要真正像冠军一样学习，你还需要对自己的元认知技能有良好的认识。值得庆幸的是，有一些很棒的调查可以帮助你评估和发展自己的技能。元认知意识量表（Schraw & Dennison,

表 2-1 促进学生学习元认知的自我提问样题

活动	计划	监控	评估
一堂课	• 这堂课的目标是什么？ • 我对这个主题了解多少？ • 我怎样才能为这堂课做最好的准备呢？ • 我应该坐在哪里，应该做什么（或不做什么）来最好地支持我在课堂上的学习？ • 关于这个主题，我有哪些问题需要进一步了解？	• 我在体验这堂课的过程中有什么见解？有什么困惑？ • 我在这堂课上遇到了什么问题？我是不是把它们记在什么地方了？ • 我觉得有趣吗？为什么？我觉得这个材料与个人相关吗？ • 我能区分重要信息和细节吗？我将如何弄清这一点？	• 今天的课是关于什么的？ • 今天我听到的哪些与之前的理解相冲突？ • 今天课上的观点和之前的课有什么联系？ • 我发现在需要主动做些什么才能使我的问题得到解答，困惑得到澄清？ • 我觉得今天的课最有意思的是什么？
主动学习任务和/或家庭作业	• 老师让我完成这项任务的目的是什么？ • 要成功完成这项任务，我需要做哪些事情？ • 要完成这项任务，我需要哪些资源？我如何确保自己拥有这些资源？ • 完成这项任务需要多长时间？ • 如果我以前做过这样的事情，这次我能怎么做得更好呢？	• 我正在使用哪些策略来帮助自己学习？ • 我可以利用哪些其他资源来完成这项任务？我应该采取什么行动来获得这些资源？ • 这项任务对我来说最具挑战性的是什么？最令人困惑的是什么？ • 在任务中期，我可以做些什么不同的事情来对这些挑战和困惑？	• 我在多大程度上成功地完成了任务的目标？ • 我在多大程度上使用了可用的资源？ • 如果我是老师，我会发现自己工作的优缺点是什么？ • 当我下次完成这样的作业或任务时，我要记住哪些不同的事情？下次我应该怎么做才有效？

测验或考试	• 我将采用哪些策略学习（例如，学习小组、问题集、评估文本数据，通过模拟测验和/或找老师答疑解惑，复习课来挑战自己）？ • 我计划下来学习多长时间？我需要每次坐下来学习多长时间？学习的时间跨度是多大？ • 根据我目前的理解，我应该在课程材料的哪些方面多花时间？哪些方面少花时间？	• 我对所有考试材料的系统学习达到了什么程度？ • 我在多大程度上利用了所有可用的学习支持？ • 我是否正在努力激发学习动机？如果是，我还记得为什么我要修这门课吗？ • 我澄清了哪些困惑？我是如何把它们弄清楚的？ • 还有哪些困惑？我将如何澄清这些困惑？	• 我考前的准备有哪些做得好的地方？下次应该继续发扬。 • 哪些效果不佳，我下次不应该那么做，或者我应该改变什么？ • 我有哪些问题没有答对？为什么？我的答案与建议的正确答案相比如何？ • 我还有哪些困惑需要澄清？
整体课程	• 为什么学习本课程的内容很重要？ • 这门课的成功与我的职业目标有什么关系？ • 我将如何主动监控我在这门课程中的学习？ • 我最想从这门课中学到什么？ • 在这门课结束的时候我要学会什么？	• 这门课的教学在哪些方面对我的学习有帮助？我是怎样才能使之最大化？ • 这门课的教学在哪些方面对我的学习没有帮助？我怎样才能弥补或改变这一点？ • 我对这门课的兴趣如何？我对自己的学习兴趣有多大信心？我怎样做才能增强自己的兴趣和信心？	• 五年后我还会记得我在这门课上学到的知识吗？ • 关于如何在这门课中学到最多东西，我会给朋友什么建议？ • 如果我来教这门课，我将如何改变它？ • 我在这门课中学到的哪些学习方法可以用在我未来的课程中？哪些方法可以用在我未来的职业生涯中？

注：受 Ertmer&Newby (1996)、Schraw (1998) 以及 Coutinho (2007) 的启发。改编自 K. D. Tanner 的论文《促进学生的元认知发展》（Promoting Student Metacognition），CBE-生命科学教育（CBE-Life Sciences Education），2012，11(2)，第 113-120 页。CC BY-NC.

1994）是我们喜欢的量表之一。我们不会以研究参与者的身份向你展示整个量表，而是让你在幕后看到量表的各个子部分。

请仔细阅元认知意识量表评分指南（图2-2）中的每个陈述，当你以一个学习者的角色出现时，考虑该陈述是否适用于你，确定每个陈述正确与否，回答"正确"时给自己打1分，回答"不正确"时打0分。完成之后，将每个类别的得分加起来。

元认知意识量表（MAI）评分指南

说明：每答对一个"正确"和"比较正确"，在得分栏中给自己打1分。对于每个"不正确"和"比较不正确"，在得分栏中给自己打0分。然后将每个类别的分数加在一起，填入方框内。

认知知识

陈述性知识

5. 我了解自己智力上的优势和劣势。	
10. 我知道学习什么样的信息最重要。	
12. 我善于组织信息。	
16. 我知道老师期望我学会什么。	
17. 我善于记忆信息。	
20. 我可以控制自己的学习情况。	
32. 我能很好地判断自己对某些内容的理解程度。	
46. 当我对话题感兴趣时，我会学到更多。	
得分	

图 2-2　元认知意识量表评分指南

程序性知识

3. 我尝试使用过去有效的策略。	
14. 我使用的每种策略都有明确的目的。	
27. 我清楚自己在学习时该使用哪些策略。	
33. 我发现自己会自动使用有用的学习策略。	
得分	

条件性知识

15. 当我对主题有所了解时，我会学得更好。	
18. 我会根据不同的情况采用不同的学习策略。	
26. 我能在需要的时候激励自己去学习。	
29. 我懂得利用自己的智力优势弥补自己的弱点。	
35. 我知道自己使用的每种策略何时最有效。	
得分	

认知调节

计划

4. 我会在学习过程中调整自己的节奏，以便有足够的时间。	
6. 在开始一项任务之前，我会思考我真正需要学习什么。	
8. 在开始一项任务之前，我会设定明确的目标。	
22. 在开始之前，我会问自己一些关于材料的问题。	
23. 我会想出几种解决问题的方法，然后选择其中最好的一种。	
42. 在开始一项任务之前，我会仔细阅读说明。	
45. 我会合理安排时间，最好地完成自己的目标。	
得分	

图 2-2　元认知意识量表评分指南（续）

信息管理策略

9. 遇到重要信息时，我会放慢速度。	
13. 我会有意识地将注意力集中在重要信息上。	
30. 我会关注新信息的意义和重要性。	
31. 我会创造自己的例子，使信息更有意义。	
37. 在学习的过程中，我通过画图画或图表来帮助自己理解。	
39. 我会试着用自己的话来解释新信息。	
41. 我会利用文本的组织结构来帮助自己学习。	
43. 我会问自己，我正在阅读的内容是否与我已经知道的有关。	
47. 我会试着把学习分解成更小的步骤。	
48. 我会关注整体意义，而不是细节。	
得分	

理解监控

1. 我会定期问自己是否达到了目标。	
2. 在回答问题之前，我会考虑多个备选方案。	
11. 在解决问题时，我会问自己是否考虑了所有的选项。	
21. 我会定期复习，以帮助自己理解重要的关系。	
28. 我发现自己在学习的时候会分析策略的有用性。	
34. 我发现自己会经常停下来检查自己的理解能力。	
49. 在学习新东西的时候，我会问自己学得怎么样。	
得分	

图 2-2　元认知意识量表评分指南（续）

调试策略

25. 当我不懂的时候，我会向别人寻求帮助。	
40. 当我不理解的时候，我会改变策略。	
44. 当我感到困惑时，我会重新评估自己的假设。	
51. 当我遇到不清楚的新信息时，我会停下来重新查看。	
52. 当我感到困惑时，我会停下来重新阅读。	
得分	

评价

7. 我一考完试就知道自己考得怎么样。	
19. 当我完成一项任务后，我会问自己是否有更简单的做事方法。	
24. 当我完成学习后，我会总结自己所学到的知识。	
36. 一旦完成了目标，我会问自己目标完成得怎么样。	
38. 在解决问题之后，我会问自己是否考虑了所有的选项。	
49. 一旦完成了一项任务，我就会问自己是否学到了尽可能多的东西。	
得分	

注：摘自 G. Schraw 和 R. S. Dennison 的《元认知意识评估》(Assessing Metacognitive Awareness)，当代教育心理学（*Contemporary Educational Psychology*），1994，19(4)，第 473-475 页（https://doi.org/10.1006/ ceps.1994.1033）。版权所有 ©Elsevier，1994。经许可转载。

图 2-2　元认知意识量表评分指南（续）

证据是什么？课堂内部一瞥

这项调查中的高深理论在实际研究中是什么样子的呢？让我们给你展示一下。洪（Hong）及其同事（2020）在课堂上进行的一项最新研究是将这些关键指标整合到一项研究中的绝佳例子之一。他们雄心勃勃地关注了元认知的许多不同方面。请注意：你不仅会看到我们在本章中讨论的一些关键应用和说明，还会收获一些惊喜。以下是研究人员所做的工作。他们将目标锁定在一门大班教学的生物学导论课程上，研究了参加考试的1326名学生的学习行为与考试成绩之间的关系。这项研究持续了两年多，这在此类研究中并不多见。

这项研究很全面。首先，学生们在每个学期开始时完成一项调查，然后，利用调查结果来预测他们的学习效果，并通过他们的考试成绩来衡量其学习效果。为了便于学生参与研究，调查被嵌入到学习管理系统（LMS）中。你可能也使用LMS，例如Canvas、D2L或类似的东西。除了主要的兴趣指标外，该调查还收集了年龄、种族和入学年份等人口统计学信息，还包括动机方面的心理学指标，如自我效能感、成就目标、任务价值和成本。这门课共有四次考试，全部采用纸质试卷，考试题型包括多项选择题和短文写作。

鉴于我们迄今为止关于元认知的讨论，你可能会好奇，洪等人（2020）是如何测量元认知的。这似乎是这项研究的秘密所在。就像詹姆斯·邦德（James Bond）电影中的情节一样，学生们的学习行为被非常微妙地捕捉到了。研究人员通过分析学生在LMS上查看课程大纲和学习指南的方式和时间来测量元认知过程。你猜怎么着？课程大纲和学习指南对于制订学习计划非常有用。这两种类型的辅助工具都可以帮助你将注意力集中在需要学习的重要内容上。好的课程大纲和学习指南还会规定考试内容所需的理解水平。有些学生可能不知道，他们在在线课程网站上所做的一切都可能被检查。老师可以知道你什么时候查看了某个页面、看了多长时间、什么时候参加了测验，以及许多其他因素（Gurung，2020）。

在这项研究中，洪等人（2020）访问了 LMS 数据，这些数据显示了学生与课程网站上的数字资源互动的程度以及学生的考试成绩。除了查阅课程大纲和学习指南外，参与研究的学生还有机会通过完成不计分的自我评估测验来监控自己的学习情况。通过这些无须承担风险的评估，学生可以演练自己的知识，并在考试时获得有关评估准确度的反馈（我们将在第六章中详细讨论这些重要的学习策略）。此外，学生还可以查看自己的成绩，以监控自己的表现（例如，点击"我的成绩"网站，查看当前获得的分数）。简而言之，LMS 追踪了学生使用哪些监控工具，并记录了学生访问这些工具的频率。此外，请注意，帮助你监控上面讨论的自我调节的关键组件（计划、监控、评估）的工具都可以在你的 LMS 中找到。

现在，你可能想知道结果了。虽然这篇摘要只提供了要点，但整篇文章仍然值得一读，特别是关于动机和元认知之间的联系。我们将重点关注与计划和监控相关的成果。数据显示，从行为特征来看，班里主要有两类学生。一类只通过反复监测自己在不计分测验中的成绩来进行自我评估（Hong 等人，2020）。这些小测验旨让学生判断自己是否了解所学内容。这组学生的奇特之处在于，他们只关注自我评估测验，通常不参与其他可用的元认知过程，也不使用其他可用的工具。

第二组学生的行为特征有所不同：他们只参与计划、使用考试资源和查看成绩，对测验几乎没有自我评估。第二组学生的考试成绩更好。那些得分低的学生通常很少进行元认知处理，这一点很好地支持了我们的建议。

> 与不使用在线课程大纲和学习指南的学生相比，参考在线课程大纲和学习指南来计划或监控自己学习的学生考试成绩更好。

最后，调查揭示了一个重要的警示。大多数学生没有充分利用 LMS 上的资源。事实上，研究中 75% 的学生并没有充分利用专门设计的有助于元认知的项目。不要再犯同样的错误。在计划、监控和评估自己的学习时，请利用手头上可用的资源。

实践：关于计划的一些建议

重新开始总是比较容易。有时候我们想要重来一次，希望有机会不再重蹈覆辙。新学年，甚至新学期，恰恰提供了这样的机会来纠正你不喜欢的地方。与人们迎接新年、制订新年计划的热情相似，你也可以把新学年的开始当作一次纠正过去学习错误的机会来庆祝。这种机会在学习的过渡时期甚至更大。从高中升入大学是一个重要的里程碑。从一年级到二年级、从二年级到三年级、从三年级到四年级，每一次升级都为改变行为提供了明确的切入点。

当我们试图制订计划时，最大的错误在于我们并不总是把所有事情都纳入计划。这里的问题是，我们往往没有将有趣的活动和健康的活动纳入计划（将二者分开，承认并非所有有趣的活动都是健康的）。我们都喜欢找乐子，而且往往会不顾计划地去找乐子。如果没有计划，这些额外的活动会打乱学习计划。约翰（John）和里根（Regan）都曾与无数大一学生交谈过，发现他们在庆祝自己升入大学的同时，经常沉醉于没有什么限制和约束的环境中。到了大四，这些学生难免后悔自己在大学早期过于随意和放纵，由于当时缺乏对社交活动的周密计划，使他们的学业计划受到了影响。

无论是完成家庭作业还是备齐生活必需品，当我们有意识地积极计划自己要做的事情时，完成所有任务的机会就会增加。需要强调的是：做好计划是一个人可以培养的最重要的技能之一。有意识的周密计划有很多好处。良好的计划不仅能增加我们成功和完成工作的可能性，还能减轻我们的压力。因此，我们希望你能利用本章中的技巧来帮助自己更好地制订计划。

在接下来的内容中，我们将讨论一些基本步骤。

首先，你需要了解自己必须完成的所有任务。大多数学生都选修了多门课程。确保你清楚地了解每周的要求。注意你需要阅读的内容、要写的作业以及每项作业的截止日期。查看每门课的课程大纲，转到列出作业截止时间的页面，并立即在日历、计划表或待办事项列表中输入每项作业、考试和测验。使用工具（可能是日历、计划表或应用程序）记录下所有任务，这样你的所有作业就都一目了然了。有许多基于日历或清单的计划应用程序可供选择。你可能想试试 Fantastical（https://flexibits.com/fantastical）、Todoist（https:// todoist.com/home）、Microsoft to Do（https://todo.microsoft.com/ tasks/）或类似的应用程序，你可能更喜欢使用纸质计划表，或者想借此机会获得一本有趣的日历（办公室？超级英雄？可爱的猫？）。选择你会用到的东西！你可以使用多个。

然后，全部输入，全部记下来。按照课程或作业类型对信息进行颜色编码。此外，对于每门课程，每周安排多次学习时间（这有助于你间隔练习；参见第四章）。你可以考虑将一大段学习时间分成若干个小时段，在每个小时段学习不同的课程。

接下来，安排其他重要活动的时间，比如吃饭、睡觉和体育锻炼。安排好上床睡觉和起床的时间，这样可以防止你晚上网飞⊖彻夜狂欢或网上冲浪时间过久。睡眠可能是大学生没有给予足够重视的最重要的健康行为。增加睡眠可能是提高情绪和工作效率的最大因素。如果你能安排好时间，就更有可能做到这一点。

现在告诉你一个你可能很少听说过的建议：我们建议你把自己的娱乐活动也纳入你的计划之中。你需要娱乐，我们都需要娱乐，不要假装它不存在。将娱乐活动纳入你的计划之中，你就可以更现实地考虑自己有多少时间来承担学业责任。在我们上大学的时候，约翰和里根通常都会在周末做好计划，把我们认为应该完成的所有工作都安排好。我们很少（如果有的话）想到聚会、校内运动、电影和其他我们想做的有趣事情。因此，我们没能如愿完成那么多工作也就不足为奇了。现在我们有了更好的了解，也有了研究经验，知道计划好一切会更好。如果你不把自己的社交生活考虑在内，很可能会打乱你的工作和学习计划。

⊖ Netflix (NASDAQ: NFLX) 美国奈飞公司，也称网飞。是一家会员订阅制的流媒体播放平台，总部位于美国加利福尼亚州洛斯盖图。它成立于 1997 年，曾经是一家在线 DVD 及蓝光租赁提供商，用户可以通过免费快递信封租赁及归还 Netflix 库存的大量影片实体光盘。——译者注

在制订计划时，明确地将非学业活动考虑在内还有另一个好处：你可以安排休息时间，这实际上可以减少倦怠，提高你的学习效率。这一点对大学生尤为重要，因为如果他们沉迷于学习，可能会陷入困境；将社交生活纳入计划中，就能起到安全阀的作用（Gurung，2014）。当你制订计划时，你会有意识地明确承认你允许自己做什么（例如，偶尔和朋友一起熬夜到凌晨1点），以及不允许自己做什么（例如，非法的、不安全的活动）。

图2-3举例说明了一个有五门课的学生一周的学习计划。请注意，不同课程的学习时间、安排的锻炼时间、一些灵活的计划外时间、娱乐时间和用餐时间交织在一起，甚至还特别列出了做家庭作业的时间。你应该计划每门课每周至少做两到三次作业；将每一大块家庭作业拆分成包含不同课程的作业（有关如何以及为什么这样做的更多信息，参见第四至六章）。你在计划中安排得越多，就越有可能完成很多作业。

在结束本章之前，让我们把计划这个主题与大学入门课程或大学入学指导课程中经常讨论的一个概念联系起来：时间管理。家长和老师很快会建议你培养或加强自己的时间管理技能。这到底是什么意思？以下是关键点：你一周的时间是有限的，能否抽出时间做自己想做的事情，取决于你自己。正如我们所描述的，规划好你的娱乐和学业是管理时间的关键。我们中的许多人都不知道时间去了哪里，或者更确切地说，不知道时间都浪费在哪儿了。如果你不确定如何找到时间去做自己想做的事情，那么第一步就是进行时间审计。在一个星期内，从你醒来到上床睡觉的那一刻，准确监控自己的时间使用情况。在这一周结束时，看看你在哪些事情上花的时间最多。你是不是在

图 2-3　学习计划范例

	3 星期一	4 星期二	5 星期三	6 星期四	7 星期五	8 星期六	4 星期日
4:00A.M.	睡觉	睡觉	睡觉	睡觉	睡觉	睡觉	睡觉
5:00A.M.							
6:00A.M.							
7:00A.M.							
8:00A.M.	生物		生物				
9:00A.M.		家庭作业		家庭作业	家庭作业	家庭作业	家庭作业
10:00A.M.	英语		英语				
11:00A.M.							
12:00A.M.	午餐	午餐	午餐	午餐	午餐	午餐	午餐
1:00P.M.		化学		化学			
2:00P.M.							社交时间/运动/放松
3:00P.M.	历史		历史		历史		
4:00P.M.	放松/锻炼	放松/锻炼	放松/锻炼	放松/锻炼	放松/锻炼	放松/锻炼	
5:00P.M.							
6:00P.M.	晚餐	晚餐	晚餐	晚餐	晚餐	晚餐	晚餐
7:00P.M.	家庭作业	家庭作业	家庭作业	家庭作业	社交时间	社交时间	家庭作业
8:00P.M.							
9:00P.M.							
10:00P.M.	网飞	网飞	网飞	网飞			
11:00P.M.	家庭作业	家庭作业	家庭作业	家庭作业			家庭作业

数小时的社交媒体滚动中迷失了自我？你是不是（在不知不觉中）沉迷于观看节目而减少了睡眠？

一旦你了解了自己的时间分配，你就能知道其中有多少时间用在了学业上，有多少时间用在了社交上。老规矩是，每花一个小时在课堂上，至少要花两到三个小时在课外。虽然这并不总是准确的，但你还是应该给自己的课程留出足够的时间。除了计划好每天的事情（工作和娱乐）之外，还有一种方法可以帮助你管理时间，那就是为你的课程的具体内容制订一个学习计划。图 2-4 展示了里根为他的心理学导论课设计的周计划。请根据自己不同的课程对它进行修改。

小结

里根还记得他的研究生导师最喜欢的一个技巧，可以帮助他完成更多的工作。他的导师要求研究实验室里的所有学生明确说出他们未来一个学期的计划。里根发现，他和他的同学们越是明确地表达自己的计划，他们就越有成效、也越成功。我们往往没有对计划进行应有的考虑；制订尽可能详细的计划可以增加我们成功完成所有任务的机会。你的课程在阅读量、作业数量和考试类型方面都会有所不同。无论你是在准备论文或多项选择题考试，还是必须撰写论文或制作演示文稿，你都需要有时间去完成。即便你还没有学到我们在本书第二部分中所讨论的具体的认知策略，你也必须腾出时间来确保自己能完成所有的任务。

在进入下一章之前，选择一门你觉得具有挑战性的课程，并为下周的学习计划预留出更多的时间。如果你在学期开始前

周计划范例——心理学导论

星期一

参加预测试。
上课。
自己检查学习计划：对照笔记，
找出不理解的术语。完成并提交
应用学习论文。

星期二

学习其他课程，这样就能间隔
学习心理学论。

星期三

上课。
在课前一小时复习学习计划。
翻阅上节课的笔记。
列出问G博士的问题
（在课堂上或课后问）。
课后花5分钟翻阅笔记。
复习后进行测验（第一次尝试）。

星期四

学习其他课程，这样就能间隔
学习。

星期五

复习本周的学习计划和笔记。
查看周一要提交的应用学习论文，
然后开始写作。
如有必要，澄清说明。

周末

享受户外活动，进行体育锻炼，与朋友
和家人共度时光。浏览未来一周的学习
计划，并完善应用学习论文。参加测验
（第二次，也是最后一次）。

图2-4 里根为他的心理学导论课设计的周计划

就读到这部分内容，那就更好了。即使你是在学期中途才选择这样做，你仍然可以扭转局面。让明天更有计划。通过计划如何学习或完成每门课程的项目，让下周更有成效。利用学期结束前的时间来加强你的计划能力。明智地做好计划，充分地利用你在大学的时间，你的余生会因此变得更加美好。

主要训练技巧

- 学习冠军制订强有力的计划，包括何时学习、学习什么以及如何学习。
- 成功学习（Sticking Your Landing）[⊖]需要找到制订周计划的最佳方法，将所有的功课和其他任务（包括与朋友相处和体育活动）都考虑在内，这样才能取得成功。

深入学习，追求卓越

Hong, W., Bernacki, M. L. 和 Perera, H. N. 的《大学生成就动机、元认知行为及其与科学成就的关系的潜在分析》(A latent profile analysis of undergraduates' achievement motivations and metacognitive behaviors)，教育心理学杂志（ *Journal of Educational Psychology* ），2020，112(7)，第 1409-143 页，https://doi.org/10.1037/ edu0000445。

⊖ "Sticking Your Landing" 是一个比喻，意思是在学术或职业生涯中取得成功并保持成功状态。它强调的是在达到目标之后继续努力，并保持高水平的表现。——译者注

注：由佩奇·赫尔博德（Paige Herrboldt）绘制。经许可印刷。

03 第三章
做好笔记

在本章中，你将学到：

记笔记的最佳方法、记笔记的不同目的以及应该如何（何时）处理笔记。

假设你要上法庭控诉一个酒后驾车的司机，要求他赔偿损失。你的车完全报废了，这根本不是你的错。那个司机参加了一个派对，显然喝了很多酒。在庭审中，你和你的律师解释了那天发生的一切细节。当你把注意力转向听取你案件的12名陪审员时，你注意到一些让你不安的事情。没有一个陪审员在记笔记，他们似乎在听，但很难确定。你应该担心吗？不记笔记会影响他们对案件的关注程度吗？这种疏忽会影响他们对细节的记忆，甚至可能会影响他们的审议和决定吗？是的，是的，是的。

作为教师，我们经常看到学生不记笔记。有时学生只是听讲，更常见的是，学生在他们的笔记本电脑上发短信或上网冲浪，就连记笔记的学生有时也会发短信和上网（陪审员是不允许做这两件事的），导致笔记的质量较差。当我们和考试成绩不佳的学生交谈时，我们做的第一件事就是查看他们是如何记笔记的。毕竟，像冠军一样学习的另一个重要因素就是记好笔记，这样你就可以在学习时专注于特定课程的所有重要概念。在本章中，我们将讨论记笔记的主要功能，让你测试自己的记笔记能力，并提供一些明确的记好笔记的方法。

在第二章中，我们讨论了自我调节，而记笔记是自我调节的一个重要例子，因为你必须决定何时某事足够重要值得记下来，检查你是否正确地捕捉到了它，并通过笔记测试自己进行复习。如果你已经记了笔记，请不要轻易跳过这一章。你很快就会发现，重要的不仅是记笔记的行为，还有你记笔记的质量。那么，让我们看看你记笔记的技能水平。图 3-1 提供了记笔记的关键过程的路线图，让你对本章的内容有一个总体的概览。

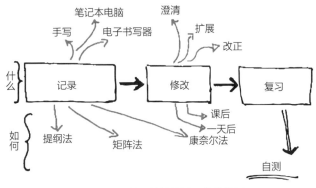

图 3-1　记笔记的关键过程的路线图

现在开始：你记笔记的技能如何？

下面这组问题旨在衡量你记笔记的质量。想想你现在上的一堂具体的课。你记笔记的方式在多大程度上符合所给出的描述？阅读完所有问题并列出一个值后，在阅读本章其余部分时思考自己的答案。

使用以下评分标准：1= 非常不同意，2= 不同意，3= 既不同意也不反对，4= 同意，5= 非常同意。

第一部分

1. _____我把讲师说的每句话都记录下来。

2. _____我把讲师写的所有课程内容都逐字记录下来。

3. _____即使我已经熟悉了，我也把讲师解释的课程内容记录下来。

4. _____我把讲师写的与课程内容相关的任何东西都记录下来。

5. _____我尽量记录下所有重点内容。除了记录概念之外，我还记录提供的例子。

第二部分

1. _____我选择性地记录讲座内容中比较重要的部分。

2. _____我通过概括主要内容来记课堂笔记。

3. _____我在笔记中标记 / 高亮标注特别重要的地方。

4. _____我参考讲座讲义或教科书的内容，然后选择必须记录的信息。

第三部分

1. _____听讲座时，我会在记笔记之前思考相关信息或问题。

2. _____我会在笔记中添加一些同音词或例子，以帮助我记住讲座的内容。

3. _____除了讲师讲解的内容外，我还会记下自己的意见和想法。

第四部分

1. _____我用大纲法记课堂笔记。

2. _____我用数字来表示主要议题的顺序。

3. _____我用空格整理我记录下的内容的要点。

4. _____我用讲义或教科书的提纲来架构和组织我记的笔记。

第五部分

1. _____如果讲座中有我没有及时记录的部分，我会立即参考同学的笔记来填补空白。

2. _____我会把我记的笔记中的重要和不重要的内容区分开来。

3. _____我会检查自己的笔记，确保没有遗漏任何重要内容。

4. _____我会在我的笔记中留有空白，以便将来补充笔记的内容。

5. _____如果我的笔记中有任何我不理解的内容，我会在讲座期间对它进行标记/高亮标注。

　　如果在讲座中有任何我不理解的内容，我会立即参考教科书的内容，然后将其记在我的笔记上。

　　把你每个部分的得分加起来。成功的关键是要尽可能在这个量表上取得高分。那么，你做得怎么样呢？你在某些部分的得分比其他部分高吗？以下是每个部分所衡量的能力：第一部分衡量抄写能力，第二部分衡量要点选择能力，第三部分衡量阐述能力，第四部分衡量组织能力，第五部分衡量理解监控能力。在接下来的内容中，我们将详细说明为什么你应该尝试修改自己的笔记，以便在每个部分获得最高分数。

注：摘自 P.-H. Chen 的《课堂内外听讲座记笔记的策略》（In-Class and After-Class Lecture Note-Taking Strategies），高等教育中的主动学习（*Active Learning in Higher Education*），2021，22(3)，第 245-260 页（https://doi.org/10.1177/1469787419893490）。版权所有©SAGE，2021。经许可转载。

重点是"如何"

环顾你的大学课堂，看看有多少学生在记笔记？研究表明，超过 95% 的学生表示在听课时记了笔记（Morehead，Dunlosky 等人，2019）。你的同学面前可能放着一个笔记本或一台笔记本电脑，当教授讲话时，他们似乎会相应地在笔记本上写写画画或在键盘上敲敲打打。当然，你并不知道他们在做什么。他们可能在涂鸦、画画、列购物清单，或者在网上购买仓鼠夹克。事实上，他们正在做很多这样的事情。即使他们确实只是"仅仅"在记笔记，也要知道人们记笔记的方式多种多样。

笔记的质量显著影响学习效果。

本质上讲，记笔记似乎很简单：打开笔记本，当教授展示带有文字的幻灯片时开始记，甚至尽可能多地记下教授讲的内容。如果你一直是这样记笔记的，那就准备考虑做些改变，以提高你的笔记质量吧。毕竟，研究发现，笔记的质量显著影响学习效果（例如，Peverly&Wolf，2019）。让我们来看看你可以用来记笔记的不同方法，然后再回顾一些你可以尝试的其他技巧。

用笔记本电脑还是手写

让我们立即解决一个关键问题：你应该用电脑记笔记还是用纸笔手写记笔记？为了帮助你理解这个问题的微妙答案，我们首先需要介绍一下笔记研究中的一个关键区别：笔记的编码和存储功能。这些是记笔记等简单功能中一些复杂的说法。编码功能与实际记笔记——而不是仅仅听讲座——能在多大程度上提高你对讲座的理解或记忆有关，也就是说，记笔记能在多大程度上帮助你对讲座中的信息进行编码。存储功能涉及学习这些笔记能在多大程度上提高你的考试成绩，也就是说，当你在记完笔记后对它进行修改和学习时，你能在记忆中存储多少有关该课程的信息。关于使用笔记本电脑还是用手写记笔记的争论主要涉及笔记的编码功能：一种方法是否能帮助你在记笔记时学到更多知识呢？

一些大学教授禁止在课堂上使用笔记本电脑，你有理由认为这是因为研究表明，使用笔记本电脑记笔记不是一个好主意。事实上，几年前进行的一项非常流行的研究表明，笔确实比笔记本电脑更强大（Mueller & Oppenheimer，2014），该研究被社交媒体转载，被媒体炒作，并被许多教师使用。最近，莫尔黑德（Morehead）、邓洛斯基（Dunlosky）和罗森（Rawson）以及乌里（Urry）和同事（2021）也对手写笔记和笔记本电脑笔记进行了比较。他们发现的结果令人惊讶，让我们来仔细看看。

莫尔黑德、邓洛斯基和罗森（2019，实验2）通过比较不同的记笔记形式，对穆勒（Mueller）和奥本海默（Oppenheimer）（2014）的研究进行了直接复制，并扩展了他们的研究。具体来说，大学生被随机分配到四个记笔记小组。其中一组用纸笔（即用手写）记笔记，一组用笔记本电脑记笔记；这两组构成了直接复制组。为了扩展先前的研究，第三组使用电子书写器（一种学生可以在电子纸上手写的设备）记笔记，最后一组只是听讲座（即不记笔记组）。讲座是两个简短的TED演讲视频。在记完笔记（或只是听讲）后，学生们立即参加关于讲座内容的测试。测试包括考查学生对讲座中的事实性信息（事实性知识）的记忆问题，以及他们对概念（概念性知识）的理解程度问题。一周后，记笔记的小组回到实验室，复习他们所记的笔记；他们复习了7分钟的笔记，然后又参加了一次有关讲座内容的测试。

研究人员发现了什么？图3-2呈现了即时测试的数据，该测试测量了这些记笔记方法对记笔记编码功能的影响。有几个结果是值得注意的。第一，用手写方式记笔记（无论是在纸上还是在电子书写器上）的学生与使用笔记本电脑记笔记的学生在分数上没有差异。无论是事实性问题还是概念性问题，都是如此。这一结果——用手写方式记笔记和用笔记本电脑记笔记没有区别（Urry等人，2021）——也在另一项大规模复制研究中得到了证实。第二，记笔记的小组中没有一个成绩优于只听讲座的学生！换句话说，在这项调查中，记笔记对编码功能没有任何影响。这一结果是比较常见的，即使发现记笔记可以提高学生对讲座的编码功能，其影响也很小。仅仅通过记笔记

（无论你是用电脑还是用手写方式记笔记）本身，你学不到什么额外的知识，而且记笔记这种简单的行为也不会把你的理解水平提升到在许多课堂考试中取得优异成绩所需的水平。

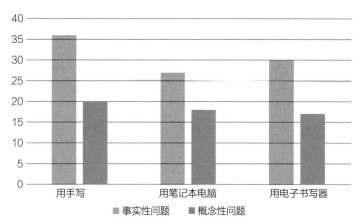

图 3-2　记笔记的方法比较

最后，即使学生们在一周后复习了他们的笔记并参加了延时测试，他们在这项测试中的成绩在记笔记的组间也未见差异。事实上，学生们似乎并没有从复习笔记中学到多少东西；也就是说，笔记似乎并没有支持记笔记的存储功能。然而，在这种情况下，一个主要的限制是，学生只有 7 分钟的时间来复习他们的笔记；这不足以使用最有效的学习策略（我们将在本书的第二部分中讨论）。最重要的是，根据这些结果，到目前为止，没有哪种记笔记的方法在学习方面优于其他方法。

用电脑记笔记和用纸笔记笔记没有明显的高下之分。

有些教师可能不喜欢听到这样的说法，但是没有哪种记笔记的方法明显更优。不过，教授禁止使用笔记本电脑的另一个原因是，电脑可能会分散注意力。在一项调查中，研究人员观察了学生在课堂上使用笔记本电脑的情况，结果发现学生只花了 37% 的时间做与课堂相关的工作（Ragan 等人，2014）。其余时间，学生都在浏览社交媒体网站或上网冲浪。如果学生只是用电脑记笔记，那么记笔记与学习和记忆材料的关联度会更高。因此，如果你认为自己可以在课堂上只用笔记本电脑记笔记，不分散注意力，并能记好笔记，那么使用笔记本电脑的风险就微乎其微了。在某些情况下，笔记本电脑甚至可能比其他记笔记的方法更有益。大多数人打字的速度比写字快，这在教授讲得很快的课堂上或需要逐字抄写材料时很有帮助。相反，如果教授使用了大量的图表和数字，那么使用纸笔手写则更便于你展开联想。因此，我们建议你根据课堂需求选择记笔记的方法，当然，也可以根据你个人的舒适度来选择记笔记的方法，用其中一种或另一种来记高质量的笔记！

当然，根据我们刚才描述的结果，你可能认为记笔记根本不重要。确实，记笔记本身可能无法帮助你学习难懂的课程内容，所以真正重要的是要有完整的笔记，这样在准备课程考试的时候，你就能获取到需要学习的关键信息。换言之，你应该记高质量的笔记，所以当你考虑使用哪种记笔记的方法时，不妨退一步，观察记好笔记过程中的各个阶段，这样做可能会帮助你了解如何成为一名更好的笔记记录者。

笔记发挥着不同的作用

笔记是帮助你备考的资源。正如我们所强调的，它的存在是为了帮助你实现存储功能，以便以后在备考时复习课程内容。你还必须决定讲座中哪些内容是重要的，以及什么时候应该记下来。例如，你是否应该把老师刚刚讲的故事记下来？我们俩都喜欢在授课时讲故事，许多老师也是如此。这些故事并不是浪费时间的题外话，而是为了说明正在讨论的概念或理论，或者是教材在生活中的应用。在讲述这些故事时，似乎许多学生都会停下笔来倾听，由此错过了一次记录重要学习资料的机会。这是一个说明讲座要点的例子。

当你深入了解记忆的信息处理理论的时候，记笔记的作用就更加显得意义非凡。要想很好地处理信息，可以考虑在记笔记（或者随后复习笔记）时依靠一些认知策略。在本书的后续内容中，我们将详细讨论如何实施其中的一些策略，这里只是简要介绍与你记笔记相关的几类策略：

- 复述策略，即从记忆中检索信息；
- 精加工策略，即将所听到的内容与已知信息联系起来；
- 组织策略，即将新材料组合成一个连贯的结构；
- 元认知策略，类似于计划和监控（在本书第二章和第二部分中有详细介绍）；和情感／动机策略，与注意力、压力管理和时间管理相关。

好的记笔记的方法应该让你的注意力更有选择性，迫使你组织自己的想法，并将材料与已知信息联系起来。这些都是帮助你学习的关键因素。但我们在这里要明确一点：上面列出的许多有助于良好学习的方法，也是你以后回过头来修改和复习笔记时应该使用的。因此，最终目的是记完整的、高质量的笔记（Chen，2021）。大多数情况下，简单地把教授讲的或在屏幕上显示的内容抄下来并不能带来记笔记的所有潜在好处。当然，如果你能把它们全部记下来，那么你无疑就能获得老师希望你知道的内容。但是，拥有大量笔记并不一定比拥有正确的笔记以及随后以最有效的方式复习笔记更重要（有关如何有效学习的详细信息，请参见第二部分）。关于记笔记的质量，一项调查显示，大学生只抓住了讲座中 11% 的主要观点（Raver & Maydose，2010），另一项调查显示，那些没有记下主要观点的学生在考试中记住这些观点的概率只有 5%（Einstein 等人，1985）。

哪些变量可以预测谁的笔记做得更好

就像性格因人而异一样，比如内向和外向，人们在记笔记方面也可以分为几个主要类别。事实上，人们记笔记的方式在一些关键方面存在差异，因此，一些变量可以预测谁会记得更好。如果你了解高效笔记记录者的特征，你就可以利用这些信息来提高自己记笔记的技能。

一小部分变量可以预测笔记的质量（参见 Peverly 和 Wolf，2019 年的评论）。例如，书写速度快的人往往能写出更好的长篇笔记，原因很简单，因为他们可以写得更完整。如果你能保持专注，而不轻易分心，你就能写出更好的笔记。语言表达能力较强的学生也能记下更好的笔记。我们意识到，要想快速改变这些变量，以便明天就能记下更好的笔记，这可能有些困难——毕竟，你如何加快写字速度（不参加速记写作课）呢？

而你的语言表达能力是在多年的阅读和语言的互动中形成的，因此要迅速提高它也是很难的。即便如此，如果你使用笔记本电脑记笔记，关闭上网功能可能会减少干扰，提高你记笔记的能力。另一个你可以控制的变量——你为课堂讲座做好准备的程度——有望提高你的技能。

你可能想知道，在大学里，你的记笔记能力是否会随着年级的升高而有所提升。尽管我们还没有看到任何以纵向方式对此进行过测试的研究，但有证据表明，大学生对笔记的使用情况会随着年级的不同而有所变化。例如，陈（Chen）（2021）表明，一年级、二年级、三年级和四年级学生的课后笔记策略确实有所不同，如图3-3所示。正如我们在上一节所讨论的，各年级使用笔记进行阐述、组织和寻求帮助的程度不同，前两年更多地用于阐述和组织。

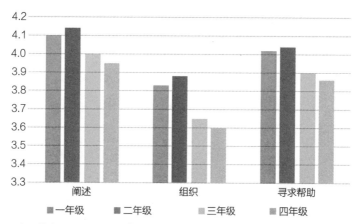

注：摘自 P. -H. Chen 的《课堂内外听讲座记笔记的策略》(In-Class and After-Class Lecture Note-Taking Strategies)，高等教育中的主动学习（*Active Learning in Higher Education*），2021，22（3），第 255 页（https://doi.org/10.1177// 1469787419893490）。版权所有 © SAGE，2021。经许可转载。

图3-3 大学生课后笔记策略及其功能的年度变化

课前完成指定阅读材料有助于更好地记笔记。

与笔记质量特别相关的一个重要因素是主题背景知识：对某一主题了解较多的学生，对该主题做的笔记就更简洁明了。那么，你在上课前是否很少阅读指定的阅读材料？如果不是，你的笔记可能会使你从中受益。指定的阅读材料会包含许多老师在讲座中使用的术语或理论，所以在讲座之前阅读它会让你对它更加熟悉。此外，这种熟悉度可能会提高你记笔记的速度，因为你会识别出那些原本陌生的新术语，从而帮助你更准确、更完整地记笔记。

使用笔记的过程：3R 方法

记录、修改、复习：这些步骤构成了 3R 方法，很难将其归功于某一位作者，它综合了许多认知科学研究的成果，非常实用。3R 方法可以帮助你更好地组织笔记以及利用笔记进行学习。第一步的重点是记录下一套尽可能完整的笔记，而接下来的两步则涉及随后改进你的笔记并有效地复习它们。让我们更详细地介绍每个步骤。

第一步：记录

首先，确保你记录下所教授的内容——但这并不意味着要逐字逐句地记下所有内容。正如我们之前讨论过的，无论你是用笔记本电脑还是用手写方式记笔记，你都应该训练自己把讲座或课堂上的主要观点记录其中。有时，老师会给你一个提纲或提示来指导你记笔记。即使他们不这样做，你也要按照顺序记录内容。如果课堂上有幻灯片展示，请使用幻灯片指导你记录的内容。要特别注意书中没有的信息，比如定义（这是在课前阅读材料的另一个很好的理由）。

然后，一旦你记录了屏幕或幻灯片上的内容，就不要停笔。通常情况下，优秀的教师会通过口头讲故事或其他例子来与内容建立联系。他们可能会提供例子，或者概念的应用，或者与课程的其他部分的联系的例子。将这些联系用你自己的话记录下来。此外，有时学生会提出问题，当老师回答的时候，有些学生会趁机查看电子邮件或发送短信。不要犯这样的错误。如果学生有问题，看看你自己能否在心里回答它。如果你能正确地回忆起来，那么自己回答实际上会帮助你在未来记住答案（更多细节，参见第四章）。如果你不能回答，你应该把问题和答案记下来；这可以帮助你更好地学习材料。

提纲法、矩阵法和康奈尔法是三种常见的记笔记策略。如果你不知道有各种不同的策略，那么你默认的首选方法可能类似于提纲法，只是在组织上做了一些创新。使用提纲法，你可以在页面顶部列出主要标题，然后使用副标题来分隔和组织你的内容。为了使信息更有条理，有些人使用缩进。这种方法与更好的信息回忆有关，但不如其他一些更复杂的方法有用。

使用矩阵法，你可以创建一个表格，其中主要主题列在页面顶部，子主题列在页面左侧。如果你使用矩阵法记录本章内容，你的主要主题可能包括"笔记的功能""记笔记的方法"和"研究示例"。左侧会列出"类型""优点"和"缺点"。然后，你可以在每个方框里记笔记。使用这种方法的一个好处是它易于阅读，并帮助你建立概念之间的联系。缺点是预先确定讲座所需的类别可能会很困难。因此，重申一下，这种记笔记的方法在记文本笔记时更容易。

可能最常见的学生记笔记的模式是康奈尔法。在康奈尔法中，你可以按照图 3-4 所示设置笔记本（Pauk & Ross，2013），大约在笔记本左侧 25% 到 33% 的地方画一条垂直线。当你在课堂上记笔记时，你只在这条线的右侧记。课后，你可以添加标题和组织元素。你也可以记下你不清楚的或你认为自己错过了的要点。底端部分用来总结讲座的内容。

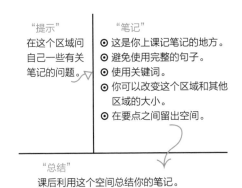

注：数据来自 Pauk 和 Ross（2013）。

图 3-4　使用康奈尔法记笔记的格式

这三种记笔记的方法都能让你很好地记录下课堂内容，并且在讲座后对笔记的修改或修订程度各不相同。这在记笔记的第二步中将变得很重要。

到目前为止，我们一直建议你记录"要点"或"主要观点"。这说起来很容易，但如何确切地知道这些要点或主要观点是什么呢？如果你幸运的话，你的老师可能会在课堂开始或结束时的幻灯片上、学习管理系统（如 Canvas）上或讲义上清晰地列出主要观点。这种情况并不常见，因为许多教师认为，从讲座中提取要点是学生应该掌握的技能。然而，我们意识到这项技能需要学习，并且需要练习。因此，下面提供一些指导原则。如果你照此进行练习，你将能够更好地识别讲座中的要点：

- 为上课做好准备。查看课程大纲，了解当天的主题；阅读或浏览指定的阅读材料，以便识别其中用到的任何新术语；翻阅上一堂课的笔记，以便建立联系。
- 留意线索。教师通常会先概述当天的课程安排，然后重述材料，接着再继续。他们也可能会重复某个观点。重述或重复的任何材料都要记录下来。
- 倾听线索。讲到要点时，教师往往会改变语调、音量或节奏。他们可能会为了达到效果而停顿，为了突出某一点而降低或提高声音，或者为了定义某个概念而放慢语速。你应该倾听这些线索；它们意味着重要的观点。
- 收集标记。所有教师都会使用一些口头标记来确定要点。有时直接说"这很重要"；有时则比较含蓄，例如"记住这一点"或"这将会再次出现"。"然而""例如"和"相比之下"等标记也可能表示重要信息。

第二步：修改

尽管大多数记笔记的研究都集中在 3R 方法中的第一个和最后一个 R 上，但现在看来，在这两个 R 之间还需要加上另一个 R。罗等人（Luo 等人，2016）通过实证检验表明，笔记的修改是一个关键因素。修改可以采取多种形式。关键是在记完笔记后不久就查看你的笔记，最理想的情况是下课后马上修改笔记，但如果你下课后有其他事情要处理，可以考虑留出一些时间在当天或至少在课后安排的第一个学习时段查看笔记（无论如何，这应该在课后相对较短的时间内完成；关于学习时段的安排建议，请参见第五章）。以下是一些修改笔记的动力：近 100 年的研究表明，学生在记笔记中平均只能捕捉到 35% 的授课内容（Peverly&Wolf，2019），这比之前讨论过的一项研究（Raver&Maydose，2010）中发现的 11% 略好一点。修改可以帮助你捕捉到更多内容。当你修改笔记时，应尽量找出任何不足之处。是否有遗漏或不完整的地方？你能否看懂自己记下的内容？这些都是你第一次复习笔记时要问自己的重要问题；它们是自我解释的一种形式（我们将在第六章中进一步讨论）。

> 记完笔记后要立即查看。看是否有遗漏或不完整的地方？你能否看懂自己记下的内容？整理你的笔记，把教授的话语转换成你自己的语言，这有助于你以后回忆起这些材料。

如果你觉得很难把所有的东西都抄下来，请不要担心。这不是你一个人的问题。事实上，大多数成年人都不具备记录完整课堂笔记的感官能力。成年人平均每分钟能写 22 个单词，每分钟能打 33 个单词，但他们每分钟可以听大约 210 个单词（Karat 等人，1999）。讲座平均每分钟包含 100 到 125 个单词（Wong，2014）。因此，课后给自己留出修改的时间，可以帮助你在课堂上应对感官系统的挑战。

此外，当你花时间修改笔记时，你可以利用这个机会从记忆中检索信息。这种检索过程是成为学习冠军的经典诀窍之一，我们有整整一章（第五章）专门介绍检索。当你检索信息时，你可以添加自己的词语来帮助你更好地理解你记下的内容，同时也能填补缺失的部分。通过添加信息，你可以使自己的笔记更加全面，并对材料进行更深入的处理。当你整理笔记并将教授的话语转化为你自己的语言时，你就在以一种可以帮助你以后回忆的方式对材料进行阐述。这也是纠正错误的好时机。如果你发现错误、遗漏的部分或你认为不正确的部分，请与你的老师交谈。

请注意，你不必等到课后，也不必依靠自己的记忆来修改笔记。如果讲座中有停顿（比如，老师正在设置视频或准备演示），你就可以利用这段时间修改你刚刚记的笔记。此外，你可以在课间休息时间或一下课就将你的笔记与同学的笔记进行比较，最好与同学核对笔记，确保你的笔记准确无误。修改的时候，同学也可以提供帮助。

第三步：复习

请注意，3R 模式中的第三个 R 不是重新阅读（reREAD），而是复习（reVIEW）。复习时，你不是被动地浏览你所记的笔记，而是积极地用批判的眼光来审视它们。你就像奖学金或工作申请的评审者一样：你要问的问题是"这有多好"。在这个过程中，你不需要添加更多的材料（就像在修改部分一样），而是努力巩固记忆中的信息。本书第二部分的章节将讨论如何有效地学习笔记，以便更好地理解和记忆。

练习：微调笔记

与上述自我评估类似，接下来呈现的评估将帮助你衡量你在多大程度上使用基于证据的最佳实践来充分利用你的笔记（Chen，2021）。再想想你现在正在上的某一门课，思考一下你在多大程度上做到了以下列表中的每一项。这次，我们保留了章节名称，这样你能看到你需要练习和改进的地方。一旦你掌握了上一次评估中的项目（"现在开始"问题），你就可以将它视为你如何成为一名更好的笔记记录者的核对表。

阐述：

1.＿＿＿＿＿＿我阅读教科书的相关章节，并用自己的语言在课堂笔记中添加补充信息。

2.＿＿＿＿＿＿我在笔记中用下划线或注释突出重点。

3.＿＿＿＿＿＿为了便于记忆，我在老师讲解的要点旁写下自己熟悉的例子。

4.＿＿＿＿＿＿在重点或概念旁边，我加上额外的解释。

5.＿＿＿＿＿＿我将听课过程中记下的关键词整理成自己理解的句子或内容。

组织：

1.＿＿＿＿＿＿我将自己的笔记内容组织成提纲或图表。

2.＿＿＿＿＿＿我将教科书和笔记的内容整合在一起，并记录内容的整体结构。

3.＿＿＿＿＿＿我用数字标注笔记内容的顺序或上下文关系。

4.＿＿＿＿＿＿我阅读教科书中的相关章节，然后在笔记中记录主要主题之间的关系。

5. _____我参考教科书或讲义中的提纲，然后重新组织自己的笔记内容。

寻求帮助：

1. _____我向同学或老师咨询，以确认自己的笔记内容的含义。

2. _____我将自己的笔记与同学的笔记进行比较，并将可能遗漏的要点补充到笔记中。

3. _____我向同学或老师请教，补充自己在讲座中没有完全记下来的内容。

4. _____我向同学或老师请教，澄清笔记中自己仍不清楚的地方，然后进行必要的修改。

注：摘自 P.-H. Chen 的《课堂内外听讲座记笔记的策略》(In-Class and After-Class Lecture Note-Taking Strategies)，高等教育中的主动学习（*Active Learning in Higher Education*），2021，22(3)，第 245-260 页（https://doi.org/10.1177/1469787419893490）。版权所有 ©SAGE，2021。经许可转载。

无论是在电脑上还是在纸上记笔记，记好笔记的关键是集中注意力。即使你用手写，但同时也发短信或分心，你仍然可能会错过讲座的关键部分。然而，如果你的思想能够专注于讲座，并在讲座、阅读和生活之间建立联系，你会记住更多的内容。

决定如何记笔记不仅仅是出于实用性和速度考虑。鉴于我们都花了大量时间与电子产品打交道，你可能更想以手写方式记笔记，让自己暂时远离电子产品。正如我们在第二章中建议的纸质计划日历一样，这是一个获得整洁笔记本的好机会。挑选一款你喜欢看、喜欢带、喜欢用的笔记本，为每门课挑选一个截然不同的笔记本，也有助于你在脑海中把它们区分开。

不要害怕使用纸张和视觉的方式表达想法。在某些课程中，教师会在屏幕上绘制图表或显示流程图。虽然在电脑上很难捕捉到这些内容，除非你能拍下照片，但当你在纸上写字时，图表更容易捕捉。本章末总结中的例子视觉化展示了笔记可以有多好看，并给出了我们的学生佩奇·赫尔博德（Paige Herrboldt）的作品示例。她为我们的章节总结绘制了所有的图像，展示了她是如何首先记录课堂要点，然后以绘制图表的方式阐述和组织它们的。

小结

记笔记有很多不同的用途，并且是一项需要学习的重要技能。良好的记笔记技巧可以为你带来很多好处，甚至不仅限于高等教育阶段。无论你是陪审团（如本章开头的小故事中所述）中的一员，还是参加研讨会或工作会议，你记笔记的能力直接关系到你的记忆。

不同的课程可能需要不同的记笔记策略。看看哪种策略对你更有效。如果你不确定自己是否捕捉到了最重要的内容，可以考虑让你的老师检查你的笔记，或者看看其他同学的笔记。记好笔记通常只是实现学习目标的开始。但是，如果你有非常好的笔记，你就离成为一名学习冠军不远了，这包括使用有效的学习策略来理解和记忆这些笔记。这也是接下来几章的重点。

主要训练技巧

- 学习冠军有条理地记笔记，这不仅有助于掌握课堂上讨论的内容，还能帮助他们阐述重要知识点。

- 成功学习要求你从现有的各种记笔记的方法中找到最佳方法，既能帮助自己捕捉内容，又能作为学习辅助工具。
- 课前完成阅读任务，全力以赴。

深入学习，追求卓越

Peverly, S. T. & Wolf, A. D. (2019) 的《记笔记》（Note-taking），出自 J. Dunlosky& K. A. Rawson（编辑）的《剑桥认知与教育手册》（*The Cambridge handbook of cognition and education*）（第 320–355 页），剑桥大学出版社（Cambridge University Press）。

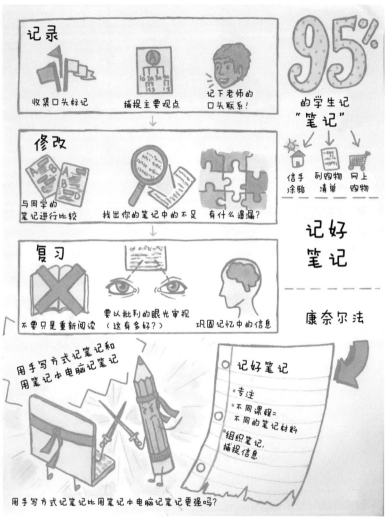

注：由佩奇·赫尔博德（Paige Herrboldt）绘制。经许可印刷。

第二部分

策略

04 第四章
间隔练习

在本章中，你将学到：

　　你是"早起的鸟儿""临时抱佛脚者"还是"间隔型学习者"；其他学生如何学习课程；以及像学习冠军一样安排学习时间的四个关键步骤。

　　杰里迈亚（Jeremiah）和索尼娅（Sonia）都是认真的学生，他们希望在心理学导论课上取得好成绩。所以，他们做了大多数教师总是告诉学生要做的事情：早早开始学习！他们做了很好的笔记，并遵循了良好的计划指南，确保了充足的睡眠和其他健康行为。他们确保每周多次学习指定的章节和笔记，当期中考试来临时，两人都期待取得好成绩。然而，遗憾的是，杰里迈亚和索尼娅在期中考试中的成绩都很低，也许这并不奇怪，可是当他们发现这一点时，两人都感到震惊。这到底是哪里出了问题？

　　要回答这个问题，请先花点时间思考一下你真正擅长的事情。也许你是一名技艺高超的舞者，或者非常擅长电子游戏；也许你在学校里是个不错的音乐家，或者是个不错的篮球运动员。几乎每个人都在某一领域有所成就。现在，关键的问题来了：你是如何培养自己的技能的？没有人天生就擅长任何事情，当然也没有人在刚开始接触新事物时就能取得卓越的成就。那么，人们是如何成为行家的呢？这个问题的答案具有普遍性，因为在任何专业领域，一个共同的基础就是间隔练习。

什么是间隔练习

关于像冠军一样学习，间隔练习涉及学习一些你需要学习的课程材料，然后至少隔一天再回来重新学习同一材料。在培养体育运动或乐器演奏基本功时，间隔练习似乎很自然。例如，如果你想学习如何在篮球比赛中罚球，那么一天练习罚球，一天后回来练习运球，这并不构成间隔练习。要想成为神投手，你必须在第二天再次练习罚球，而且很可能还要练习很多（很多）天。尽管这似乎是常识，但是大多数人并没有意识到，同样的间隔练习可以帮助任何人学习技能（例如，玩电子游戏或拉小提琴），这对于像冠军一样学习并在大学里取得优异成绩也是至关重要的。

现在介绍三名正在准备心理学导论第一次考试的学生的情况。课程分别安排在周一、周三和周五，如图 4-1 所示，"间隔型学习者"和"早起的鸟儿"都在第一次考试前三周开始学习，并且在每个学习时段花费的时间都大致相同（约两个小时）。间隔型学习者在每个学习时段开始前都会复习前一天课堂上讲授的内容。在第一周的周一，老师介绍了历史课的前半部分（图 4-1 中的历史 1），因此，间隔型学习者在周二花了一些时间学习历史 1。然而，在学习完这些新引入的材料之后，间隔型学习者又回顾和复习了之前的内容。例如，在第一周的周四，间隔型学习者首先学习了周三历史课的后半部分（历史 2），然后复习了历史 1。

	间隔型学习者	早起的鸟儿	临时抱佛脚者
第一周			
星期二	学习历史1	学习历史1	
星期四	学习历史2 复习历史1	学习历史2	
第二周			
星期二	学习实验方法1 复习历史2	学习实验方法1	
星期四	学习实验方法2 复习历史1 复习实验方法1	学习实验方法2	
第三周			
星期二	学习神经元1 复习实验方法2 复习历史2	学习神经元1	
星期四	复习所有内容	复习所有内容	学习所有内容

星期五：第一次考试。涵盖历史1和2、实验方法1和2、神经元1

图 4-1　三个时间表的示例

由于整个学期都有新材料，"间隔型学习者"在学习新材料的同时，也会在每个学习时段尽可能多地复习旧材料。相比之下，虽然"早起的鸟儿"也很早就开始学习，但他们只关注课堂上刚刚介绍过的新材料。"早起的鸟儿"分散了学习的时间，但没有间隔练习，即回来重新学习以前学过的材料。还要注意的是，这两个学生都在考试前一天晚上复习了材料，因此，"早起的鸟儿"也进行了一些间隔练习（这很好），而"间隔型学习者"则又复习了一遍所有的材料。这两个学生与"临时抱佛脚者"形成了鲜明的对比，"临时抱佛脚者"在考试前一晚上（或前两晚上）才开始第一次真正的学习。

在继续介绍之前，请如实回答以下几个问题：

- 你认为这三个学生中哪一个会在第一次考试中取得更好的成绩？

- 如果在学期末对材料进行一次突击累积考试，那么谁会记得更多的信息？

- 也许最重要的是，哪一种类型的学生最能代表你的学习方式？你是"间隔型学习者""早起的鸟儿"还是"临时抱佛脚者"？

如果你是一个"间隔型学习者"，恭喜你！在其他章节中，我们将讨论你在复习以前学过的材料时可以使用的最有效策略。杰里迈亚和索尼娅是"早起的鸟儿"，但他们没有对相同的材料进行间隔学习，所以他们无法从间隔练习中受益。即便如此，如果你也是"早起的鸟儿"，那么好消息是，你只需要以不同的方式重新组织你的学习，这样你就可以在每个学习时段复习以前学习过的材料，同时学习课程中引入的新材料。如果你是一个"临时抱佛脚者"，你可以通过简单地安排更多间隔学习时间来大大改善你的学习效果——通过采取不同的学习方法，你会获益良多！

> 最有效的学习方法——间隔练习——包括学习一些你需要学习的课程材料，然后至少隔天回来重新学习相同的材料。

大多数学生是"间隔型学习者""早起的鸟儿"还是"临时抱佛脚者"呢？在一项大规模调查中，大学生被问及他们打算什么时候为即将到来的考试做准备，结果如图 4-2 所示。正如

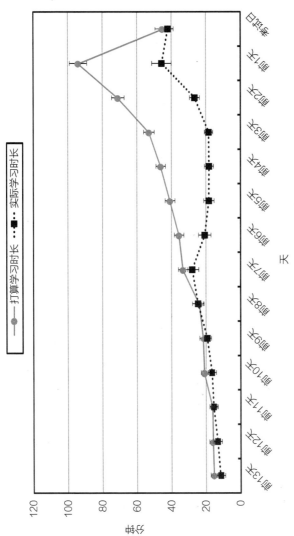

图 4-2　学生准备为考试学习多长时间（及打算什么时候学习）的报告，
以及他们实际学习了多长时间（及什么时候学习）的报告

注：摘自 R.Blasiman、J.Dunlosky 和 K.Rawson 的《学习策略的内容、使用时间和时长：计划与实际学习行为的比较》（The What, How Much, and When of Study Strategies: Comparing Intended Versus Actual Study Behavior），记忆（Memory），2017, 6, 第 788 页。版权所有 © Taylor 和 Francis, 2017。经许可转载。

实线所示，许多学生打算分散学习——我们不知道他们是否会像"早起的鸟儿"或"间隔型学习者"那样复习，但他们的意图是在考试前一天晚上之前开始学习。然而，即使在这个阶段，大多数学生也打算在考试前一天晚上加大学习力度。考试结束后，这些学生被要求报告他们实际学习的时间和学习时长。从虚线中可以明显看出，尽管许多学生打算尽早开始复习，但当学期全面展开时，他们很难实现自己的目标，最终学习的时间比预期的要少——他们把大部分学习推迟到考试前一两天。只要保证充足的睡眠，在考试前一天晚上"临时抱佛脚"不一定是坏事。然而，如果你不仅尽早开始学习（就像许多学生打算做的那样），而且还采用间隔练习，那么你的整体学习效果将会大大提高。

证据是什么？实验室里一瞥

间隔练习对于像冠军一样学习至关重要，但我们如何确定呢？100 多年的研究表明，与集中练习或填鸭式练习相比，间隔练习后的长期成绩和保持率显著提高。1885 年，赫尔曼·艾宾浩斯（Hermann Ebbinghaus）以自己为唯一实验对象，进行了首次记忆实验研究。通过一系列巧妙的实验，他发现，如果将简单的语言材料分几天进行学习，那么，他学会这些材料的速度比一次性集中学习（或填鸭式学习）更快。从那以后进行的数百项研究的结果表明，"间隔型学习者"的成绩通常比"早起的鸟儿"或"临时抱佛脚者"更好，而且在许多情况下，成绩差距很大（历史和分析参考，请参见 Cepeda 等人，2006；Wiseheart 等人，2019）。间隔学习确实可以提高你的学习和记忆力！

然而，就像我们采访过的其他一些学生一样，你可能会争辩说，"好吧，我会使用间隔练习，但它对我不起作用。如果我在考试前一天晚上突击复习，我会考得更好"。如果你抱有这种想法，那么你要知道这是不正确的——这是一种常见的误解，可能源于两个方面。首先，在考试前一天晚上临时抱佛脚可能会让你获得及格的成绩，这自然会让你误以为临时抱佛脚是一种很好的学习技巧，会带来持久的学习效果。然而，事实并非如此：如果你只是填鸭式地学习，那么在考试后不久你就会忘记很多所学的知识，甚至可能在考试前也会忘记很多。其次，间隔练习的好处实际上是普遍的：它对小白鼠、黄色嗡嗡叫的蜜蜂和有严重记忆缺陷的人都有效，所以它对你也肯定有效。不过，你需要正确地使用它。我们将在本章稍后部分给出建议。尝试各种技巧以了解它们对你的帮助有多大，这是件好事，但不幸的是，当你尝试某种技巧或策略却没有正确地使用它时，就会对其有效性产生误解。我们对此深表理解，因为有时要使用一种技巧使其发挥应有的作用可能会很棘手。然而，100 年的研究表明，间隔练习的确有效，我们很快就会给你一些具体的建议，告诉你如何利用它的力量。

在我们继续介绍来自真实课堂的研究证据之前——这些研究对你来说最为重要——我们想再分享一些关于填鸭式学习的看法。填鸭式学习实质上就是等到考试前一天晚上才开始学习大部分（甚至全部）内容。我们怀疑在很多情况下，这种填鸭式学习会变成通宵达旦的学习，迫使参与者放弃整晚的休息。一项研究表明，大多数学生——跨多个理科学科——在备考时严重依赖填鸭式学习。参与调查的学生所修课程的学习材料均可在线获取，因此研究人员可以观察到学生的学习时间

（Taraban 等人，1999）。大多数学生等到前一天晚上才开始学习，这是典型的填鸭式学习案例！

我们强烈建议你不要临时抱佛脚。在考试前一天晚上学习是可以的，它可能有助于平复你的紧张情绪，帮助你更自如地掌握材料，并为第二天的考试做好准备。但是，如果你只靠填鸭式学习来应试，而不采用间隔练习的方法，你就有可能发挥不出自己的潜能。仅靠填鸭式学习会导致快速遗忘，因此，如果在学期末有累积考试，你将几乎无法保留所学的知识，而且可能很难在累积考试之前学完课程中的所有内容。最重要的是，如果你最终熬夜（甚至整晚熬夜），你的睡眠可能会受到影响。保证良好的睡眠对于发挥最佳水平至关重要；这一点非常重要，我们将在本书后续内容（第九章）中再次讨论。

证据是什么？课堂内部一瞥

我们将详细介绍如何以正确的方式使用间隔练习技巧（以及许多其他方法），从而使你的学习受益。不过，在此之前，请看一项在真实课堂上进行的调查，该调查证明了间隔练习的好处。我们介绍这类调查的目的不仅仅是让你相信间隔练习是有效的——相信我们，它确实有效！——还包括向你展示一些你可以在学习课程材料时使用间隔练习的方法。在这项调查中，古隆（Gurung）和伯恩斯（Burns）（2019）与 300 多名学生（来自九所不同的学院和大学）一起为他们的心理学导论考试做准备。他们安排学生进行间隔练习或集中练习。集中练习的典型做法是一次性学习材料，但是在这种情况下，学生们根本没有得到任何关于何时学习的指导，而是被要求在临考前进行集中学习，或者填鸭式学习。此外，学生在学习时使用的检索练习或多或少。检索练习涉及尝试从记忆中检索需要的材料。在本研究中，学生通过完成练习测验来进行检索练习。我们将在第五章更详细地讨论检索练习。现在，我们要介绍的是间隔练习的影响，你可以在图 4-3 中看到结果：当练习时间间隔更长时，考试成绩更高。

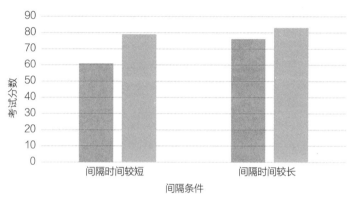

注：摘自 R. A. R. Gurung 和 K. Burns 的《检验基于证据的主张：检索练习和间隔练习的多站点课堂教学研究》（Putting Evidence-Based Claims to the Test：A Multi-site Classroom Study of Retrieval Practice and Spaced Practice），应用认知心理学（*Applied Cognitive Psychology*），2019，33(5)，第 740 页（https://doi.org/10.1002/acp.3507）。版权所有 © John Wiley & Sons。经许可转载。

图 4-3　检验基于证据的主张：在课程中不同程度地使用检索和间隔练习的学生的考试成绩

间隔练习使用技巧

虽然间隔练习确实有帮助，但还不够。为了充分利用间隔练习来实现学习目标，你需要在学习过程中做一些计划和记录保存（参见第二章）。下面是一个详细的示例，展示了如何最好地利用间隔练习来准备生物学导论课程中四个章节的考试。

当然，间隔练习可以以多种方式使用，所以我们不期望你完全遵循所有这些细节；相反，我们试图提供足够的细节，说明如何运用这种技巧，以便你在准备真正的考试时能够有效地调整使用。

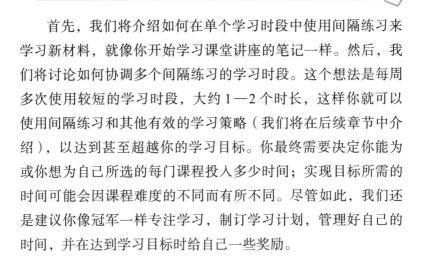

在接下来的内容中，你将学到：

　　如何在单个学习时段中使用间隔练习，以及如何协调多个间隔练习的学习时段。

首先，我们将介绍如何在单个学习时段中使用间隔练习来学习新材料，就像你开始学习课堂讲座的笔记一样。然后，我们将讨论如何协调多个间隔练习的学习时段。这个想法是每周多次使用较短的学习时段，大约1—2个时长，这样你就可以使用间隔练习和其他有效的学习策略（我们将在后续章节中介绍），以达到甚至超越你的学习目标。你最终需要决定你能为或你想为自己所选的每门课程投入多少时间；实现目标所需的时间可能会因课程难度的不同而有所不同。尽管如此，我们还是建议你像冠军一样专注学习，制订学习计划，管理好自己的时间，并在达到学习目标时给自己一些奖励。

单个学习时段内的间隔练习示例

举个例子，假设你正在参加一门每周两次的生物学导论，周一和周三上课。你刚刚上了第一节课，内容是关于生命的化学基础。你的老师做了讲授并播放了一些视频，课后你有大约四页的笔记，其中包括你需要了解的大量信息，以便参加第一次考试。该信息可能包括基本概念的含义，如酸和碱，以及最重要的结构名称，如主要分子。你已经有很多信息需要学习，而且两天之后还有另一节课要上。第一堂课结束后不久，是开始使用间隔练习的好时机，这将使你走上学习甚至掌握这些困难材料的道路。

第一步：制订学习计划

你应该先做什么？为了有效地使用间隔练习，我们强烈建议你从制订整个学期的学习计划开始。为此，你需要算出每周可以花多少时间学习生物学，然后在日历上标出一段专门用于学习这门课程的时间。也许你决定每周安排两次两小时的学习，每次讲座后的第二天安排一次。当然，对于难度较高的内容来说，这可能还不够用（对于比较容易的内容来说，可能过多），所以我们的想法是先制订一个合理的计划，然后根据需要进行调整。这个每周两个学习时段的计划反映了图 4-1 中"早起的鸟儿"和"间隔型学习者"使用的例子。但如果你想成为一名"间隔型学习者"，而不仅仅是"早起的鸟儿"，那么，你应该怎么做呢？

第二步：学习时段内的间隔学习

想象一下，现在你正坐下来，准备开始你第一个学习时段的学习。我们建议你复习笔记，确保你理解所有内容。对于你不理解的任何笔记，请将其标记出来，以便你记住获得进一步的帮助。现在正是拿出你的荧光笔的好时机——或许是一种表示"我不太明白"的颜色——这样你就能记住要通过阅读教科书的相关部分，或请求你的老师再次解释令人困惑的材料来弄清楚。在复习笔记时，也要确保突出你认为需要学习的最重要的内容，也许可以用不同的颜色来表示"为了考试我最好记住这些知识"。事实证明，最初复习笔记可能只需要大约 30 分钟，所以，你在分配的时间结束之前就完成了。接下来做什么？

在两个小时的学习过程中，休息一下可能是个很好的选择。站起来走动一下，或许还可以做些跳跃运动和伸展运动。花几分钟的时间进行短暂的休息，做做体育运动，似乎可以让人重新充满活力，这样就可以在剩下的学习时间里获得更多的收获。你也可能决定停止学习，转而做其他事情，也许是因为你觉得你已经很好地掌握了第一天所学的内容。然而，这样做可能不是最好的选择。因为你刚刚在课堂上接触到这些信息，当你回去重新学习时，可能会产生一种自己已经掌握了的错觉（第一章中的知晓感）——大多数材料都让你感觉很熟悉，这种熟悉感可能会让你误以为自己已经很好地理解了这些材料，但实际上你还没有完全掌握它们，不足以应对即将到来的考试。这种熟悉感可能很短暂，而且往往并不意味着你真的理解并记住了这些知识。

要开始解决这个问题，你可以考虑在单个学习时段内利用间隔练习的优势。与其合上笔记，不如再回头复习一遍你刚刚复习过的内容。这样做是为了让你对材料的理解有所提高，如果你在复习时使用了有效的学习策略，如自我解释或检索练习（有关这些策略的详细信息，请参见第五章和第六章），那么你可能会取得最佳效果。换言之，间隔练习只是一个如何练习的时间表——在这种情况下，你可以安排时间，在单个学习时段内和各个学习时段之间练习这些材料。但是，在单个学习时段内，你应该复习多少材料呢？

事实证明，关于间隔练习的研究并没有明确地回答这个问题，我们怀疑在给定的学习时段内，最佳间隔练习次数是否存在黄金法则。不过不必担心，因为如果你能够有效地进行间隔练习，你将会在后续的学习时段里多次回到相同的材料上，这部分原因是在单个学习时段内掌握这些材料会很困难，就像很难在一个晚上就精通一款新的电子游戏一样。

第三步：多个时段内的间隔学习

在周三更深入地讲解了分子结构和共价键之后，你将在周四进行下一个时段的学习。你有大约三页的新笔记需要添加到上次讲座时记的笔记上。为此，你要按照上述讨论复习你的新笔记，也就是说，把你不理解的部分以及你确定要为即将到来的考试而学习的最重要的内容都标记出来。现在你已经复习了最近的笔记，你应该回到笔记的开头，重新学习它们。这样，你就可以将第一天的笔记的学习分配到两个时段，并将新笔记的学习分配到这个时段。即使是你在两个时段内学习过的内容，你仍有可能会忘记其中一些知识，所以，在考试之前，你应该至少再安排一个间隔学习的时段。

多少间隔练习才够呢？这个问题同样没有明确的答案。对于那些对你来说很难学习的内容，你可能得在每个学习时段不断地重新学习，直到你确信自己不会忘记为止。而其他内容可能只需要额外的一两个学习时段就能掌握。好消息是，如果你把间隔练习（这仅仅是一种如何安排学习时间的方法）和检索练习（这是一种有趣且有效的学习技巧，可以让你监控自己的学习进展情况）结合起来，那么，你就可以很好地了解自己对课程材料的掌握程度，以及你是否需要在后续的学习时段重新学习这些材料。这种策略的组合——练习检索相同的内容，直到你正确地检索到它，并在多个学习时段反复这样做——被称为连续再学习。

连续再学习是一种强大的学习技巧，我们将在第五章中对它进行详细的讨论。具体而言，我们会告诉你如何使用连续再学习来准确地评估你的学习进展情况，并提供一些建议，告诉你如何确定你什么时候学够了。

第四步：熟能生巧

在下一次讲座之后，你只需重复前面的步骤：首先复习你最新的笔记，然后回到笔记的开头，重新学习所有内容。现在，你可能会想，"但是，在大约第五或第六节课后，我将有太多的笔记，以至于在每个学习期间我都没有时间复习它们"。别担心！当你正确管理时间并习惯间隔练习时，这种担忧就会消失。此外，经过第三或第四个学习时段的学习之后，你将对第一堂课的内容有很好的理解（假设你使用了有效的学习技巧，例如检索练习）。因此，你只需要花越来越少的时间来复习你在多个学习时段学过的材料，这将使你有更多的时间来复习和学习新材料。事实上，你会惊讶于使用间隔练习学习大量课程内容的效果。

要获得这种学习的喜悦，需要自律。你需要为所有的学习时段制订一个计划，并在每个时段内花时间复习新材料和重新学习所有旧材料。在第二章中，我们为你提供了许多使用日历进行有效计划的示例。如果没有日历，你可能很难记住你已经学过的内容，以及何时需要重新学习。为了帮助你保持学习动力并获得学习奖励，我们还想提供更多的建议：考虑设定每周目标。在每周开始的时候，坐下来思考一下，你希望本周取得怎样的成功，以及你实际能实现什么目标。也许你会发现接下来的一周特别忙碌，所以你决定，如果你只完成一半的学习任务就会很高兴。或者你可能会度过相对轻松的一周，几乎没有其他工作或外部活动需要处理。如果是这样的话，也许你可以尝试安排更多的学习时段，也就是说，你可能想为某一周设定更高的目标。这个想法是制定灵活的每周目标，使你能够兼顾所有活动，实现所有学习目标。

> 我们强烈建议你首先为整个学期制订每周学习计划，然后根据你其他的工作和活动需求，每周调整这个计划。

在设定每周目标后，我们建议你就如何完成这些目标制订具体的计划。如果你为某一天安排了多个学习时段，那么你也应该考虑计划一下何时休息、在何处学习，以及如果被朋友分心了你会怎么做。如果你的朋友没有相同的目标、计划和自律性，他们可能会用一个简单的问题"你想出去玩一会儿吗"破坏你最好的努力。和朋友出去玩固然很好，但如果这样做妨碍了你像冠军一样学习并实现自己的学习目标，那就不要去做。所以，提前想好如何回答他们。在这种情况下，一句简单的"我有一些事情需要先处理，但请告诉我在哪里与你见面"是既能坚持你的学习计划又能保持良好关系的好方法。

记得奖励自己！

当你达到目标（或接近目标）时，记得奖励自己。事实上，和朋友出去玩可能是一种很好的奖励，所以你为什么不在完成每日或每周的学习后犒劳自己呢？每个人都有一些让自己感到满足的事情，比如和朋友出去玩、休息一下出去锻炼、观看喜爱的节目、阅读最新的犯罪小说。无论是什么激励你，在每周开始设定目标时，请考虑把它写在你的日历上。不要担心，当你使用间隔练习（以及我们在第五—七章中介绍的其他一些学习技巧）时，你额外的成功本身就会激励你。当你开始发现这些技巧的效果有多好时，你只想更多地使用它们（并且更忠实地使用它们）。但是为什么不给自己一个拍手称赞的机会呢？要做到这一点，一个很好的方法是弄清楚如何在漫长的一天或一周的学习结束后奖励自己。

小结

如果你像大多数人一样，可能很少依靠间隔练习来学习课程，而是严重依赖临时抱佛脚，直到考试前的最后几天才开始学习。即使你的学习成绩尚可，我们也认为，你之所以阅读这本书，是因为你知道你可以提高自己的学习技能和学业成绩。如果是这样的话，你是对的，通过越来越多地依靠间隔练习，你会很快看到自己的努力得到回报，你的成绩会更高，你所学的知识也会保留更久。换句话说，尝试间隔练习并认真执行，并将其与其他学习策略结合，你会发现自己作为学生的学习效率和效果将会大大提高。

带着这样的乐观心态，我们思考最后一个问题来结束本章：你是否应该彻底放弃填鸭式学习——这个在全世界学生中几乎被视为万能法宝的做法？对于这个问题，我们有两个不同的答案。如果你把填鸭式学习看作是考试前一晚一直持续到深夜的额外学习时间，那么我们不建议这样做。你应该保证充足的睡眠，这样，在第二天考试时，你才能处于最佳状态。但是，如果你把填鸭式学习看作是在考试前一天晚上（或当天）做最后一刻的学习，那么尽管去做！如果你已经通过间隔练习进行了准备，那么，你的最后一次填鸭式学习应该是对你已经学过的知识进行相对轻松的复习，这样，当你坐下来参加考试时，它可以给你更多的信心（也许还能减少一些焦虑）。

主要训练技巧

- 将相同内容的学习分散到几天进行。
- 设定每周目标，每周为每门课安排两个或更多的学习时段，并在这些分散的学习时段内多次重复学习相同的内容。

深入学习，追求卓越

Wisehart, M., Küpper Tetzel, C.E., Weston, T., Kim, A.S.N., Kapler, I.V.&Foot Seymour, V.（2019）的《使用分散练习提高学生学习质量》（Enhancing the quality of student learn-ing using distributed practice），出自 J.Dunlosky 和 K.A.Rawson（编辑）的《剑桥认知与教育手册》（*The Cambridge handbook of cognition and education*）（第 550–584 页），剑桥大学出版社（Cambridge University Press）。

注：由佩奇·赫尔博德（Paige Herrboldt）绘制。经许可印刷。

05 第五章
利于监控和掌握的检索练习

在本章中，你将学到：

尝试从记忆中检索信息的能力。为什么练习直到成功是掌握知识的关键？以及如何将笔记和课本转换成虚拟快闪卡片，从而最大限度地利用它们。

珍妮（Jenny）和许多学生一样，使用快闪卡片来帮助自己准备考试。她通常用快闪卡片来记忆词汇测试中的外语翻译对应词。然而，她也意识到，尽管使用快闪卡片有时会对她有所帮助，但并不总是那么有用。珍妮遇到的困难是，她不明白快闪卡片只是一种工具，可以有很多种不同的使用方法，其中一些方法有助于成功，另一些则不然。此外，除了用来学习外语翻译对应词之外，如果使用得当，快闪卡片还可以成为掌握几乎所有课程材料的更有价值的工具。最重要的是，当使用快闪卡片确实有效时，一个积极的因素是将检索练习纳入你的学习日常。事实上，利用检索练习来帮助你监控和改进学习，是像冠军一样学习的有效方法之一。

什么是检索练习

检索练习，简单地说，就是尝试从记忆中检索你想要学习的信息。适当使用快闪卡片就是检索练习的一个例子，因为每当你试图从记忆中回忆起一个目标来测试自己时，你就是在使用检索练习。这种特殊的测试被称为"线索回忆"（cued recall），因为一个线索（例如"chateau 是什么意思？"）会提示你回忆起正确的目标（在本例中，chateau 的意思是"城堡"）。正如我们稍后将解释的那样，你也可以使用其他类型的测试——多项选择或自由回忆——来获得检索练习的益处。

除了单词联想之外，检索练习还能帮助你学习更多知识。例如，要回答"什么是操作性条件反射"或"如何计算加速度"这样的问题而不去查找定义，就需要你从记忆中检索答案。这也被认为是一种线索回忆测试，因为线索就是问题本身。虽然试图从记忆中检索较长的定义可能会令人沮丧，但努力检索答案，在错误时重新学习正确答案，之后再努力检索，直到最终检索正确为止，这是一种长期记忆所需记忆内容的有效方法。然而，要像学习冠军一样使用检索练习，你需要了解一些具体细节，如它为什么有效、何时有效以及如何最好地让它发挥作用。

为什么检索练习是一种有效的学习工具

正如本章标题所述，检索练习可以通过两种方式增强你的长期记忆（Roediger 等人，2011）。首先，检索练习可以帮助你监控自己的学习情况，并就哪些内容需要重新学习做出正确的决定。其次，检索练习也可以直接提高你对该信息的记忆能力。监控你的学习情况，包括评估你的学习效果如何，而确定你是否学会了某些东西的一个好方法就是从记忆中检索你要学

习的内容。如果你无法回忆起所要学习的信息，那么以后当你
需要这些信息来回答考试问题时，很有可能就记不起来了。因
此，快闪卡片之所以如此有效，其中一个原因就是它能提醒你
哪些内容你还没有学得足够好，无法从记忆中检索出来，这样
你就知道要重新学习这些信息了。检索练习的第二个好处是，
当你正确地从记忆中检索出所需信息时，这样做会直接增强你
对该信息的记忆。

　　检索练习只是"练习测试"的另一种说法。谁愿意参加令
人焦虑的测试呢？好消息是，当你自己进行检索练习时，你可
能会减少焦虑，因为这不涉及任何风险。此外，如果你参加了
足够多的练习测试，并利用检索练习来监控自己的学习情况，
那么当你参加高风险考试时，你甚至可能会变得不那么焦虑。
你可能已经注意到，我们提到的检索练习的形式本质上就是练
习测试。因此，你可以参加不同类型的测试，并从中获益，这
并不奇怪。

　　在教学时，我们会在课堂上使用检索练习。在课堂开始时，
我们俩经常向学生提出一个与上一周所学内容有关的问题。有
时，我们会从当天的应读材料中提出一个问题。在分享答案之
前，我们会给学生一些时间来监测他们是否能记住答案，并确
保每个人都能试一试。我们的学生喜欢这样做，事实上，他们
中的大多数人都希望我们在课堂上多做这样的练习。好消息是，
即使没有老师的帮助，你自己也可以这样做。

　　如前所述，线索回忆是一种常见的测试类型，你可以很容
易地使用——只需向自己提出一个问题，并尝试从记忆中生成
答案。此外，还可以使用教师常用的多项选择测验来评估学生
的知识掌握情况。当然，自己编制多项选择测验题可能需要花

费大量时间，而且可能比较难做，但许多教科书中都有可以使用的练习测验。在我们的一些课堂上，学生们会聚在一起，使用 Quizlet（https://quizlet.com）等免费程序编制测验题。举办一次检索练习会（或学习会）！

你使用检索练习的频率是多少

在我们讨论一些证据来展示检索练习的力量之前，请花点时间回答这个问题：你平常在一天中使用检索练习的频率是多少？

很多人都没有意识到，他们对检索练习的依赖程度有多大。让我们来看两个例子。首先，你今天开车上学了吗？走正确的路线就是一种检索练习，你之所以能毫不费力地开车去上学或上班，是因为你经常检索这条路线，以至于你几乎可以在睡梦中完成。走错街道和迷路说明你下次需要更加注意这部分路线。其次，当你晚上放松的时候，你会玩电子游戏或者练习你最喜欢的乐器吗？如果你这样做，那么，你就涉及到了大量的检索练习。

我们接触过很多非常擅长电子游戏的学生，他们之所以如此擅长，与（间隔）检索练习的魔力有关。特别是，他们需要检索有关如何在游戏的某一关卡中获胜的正确信息，并练习检索一系列正确的手部动作，以便在游戏环境中实现自己的目标。当人们日复一日地进行这样的检索练习时——即使只是像开车去商店这样的低风险活动——久而久之，他们也会变得更加熟练，这不足为奇。最重要的是，你可能每天都在大量利用检索练习，只是你自己没有意识到而已。这种洞察力至关重要，因为你在许多日常活动和业余活动中自然而然利用的优势，同样可以用于课程备考。实际上，要想像冠军一样学习，你需要在努力实现任何学习目标的过程中大量依靠检索练习。

证据是什么？实验室内部一瞥

除了对间隔效应的研究之外，检索练习也是最常被研究的提高学生记忆、学习和理解能力的技巧之一。但是，研究人员究竟是如何测试检索练习是否有效的呢？当然，几乎所有以了解人们的记忆和学习为重点的研究都会涉及某种形式的测试，但对于大多数记忆研究来说，测试是用来衡量人们学习后的记忆力的。然而，对于像冠军一样学习来说，重要的启示是，当人们参加测试时，测试本身不仅能衡量他们的记忆力，而且实际上还增强了他们的记忆力。这一说法得到了 100 多年研究的支持。测试——或者说使用检索练习——是有效的，而且效果也非常好。但是，检索练习"有效"究竟意味着什么呢？

为了帮助你理解这个问题的答案，请参考巴特勒（Butler，2010）所做的一项典型调查。他让大学生学习一段约 1000 字的文字，内容涉及一个复杂的科学过程，如蝙蝠如何使用回声定位。学习完这段文字后，学生有机会通过检索练习更好地学习文中某些部分的事实和概念。在这种检索练习中，学生们会被问到诸如"世界上有多少种蝙蝠"（事实）和"回声定位如何帮助蝙蝠确定猎物的大小和位置"（概念）。在尝试回答问题后，学生们会看到包含正确答案的段落部分。

对于段落的其他部分，学生们重读了相同的摘录，但没有进行检索练习。这一过程的关键在于，所有学生在每种学习方法上花费的时间都是一样的。最后的测试由一组新的问题组成，要求学生运用从该段落中学到的知识。例如，他们可能会被问到蝙蝠如何判断昆虫是向它们移动还是远离它们，这在段落中没有明确涉及，但如果学生理解了蝙蝠回声定位的工作原理，就可以回答这个问题。巴特勒（Butler，2010）发现了什么？

如图 5-1 所示，对学生进行段落测试时，无论问题是关于事实还是概念，他们的最终测试成绩（在三个不同的实验中）都比只是重新学习时高出约 20%。请记住，不管是自我测试还是只是重新学习，学生所用的时间都是一样的。因此，虽然测试感觉比仅仅重读需要学习的信息更难，但它是一种更有效的学习策略，也能更好地利用你的时间。我们的想法是先进行自我测试，当你回答正确时，你将增强对材料的记忆，而回答不正确则表明你确实需要回去重新学习你无法检索到的内容。

> 虽然测试感觉比仅仅重读需要学习的信息更难，但它是一种更有效的学习策略，也能更好地利用你的时间。

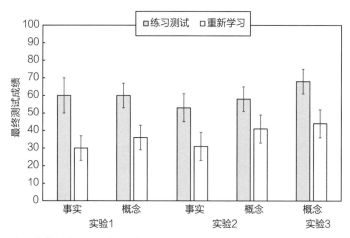

注：数据源自 Butler（2010）。

图 5-1 测试成绩的平均百分比及 95% 置信区间（估计值）

关于所谓"考试强化学习"的研究——因为参加考试可以强化学习——一直在增加，部分原因是教育研究人员已经意识到利用检索练习提高学生成绩的巨大潜力。事实上，在过去的几十年里，检索练习已经被证明可以增强学习效果，其范围涵盖各种人、各种材料和各种不同的考试。以下所列并非详尽无遗，只是为了让你了解使用检索练习的广泛益处：

- 它对儿童、大学生、老年人、患有失语症的成年人以及患有注意力缺陷／多动症的成年人都有效。
- 它帮助人们学习简单的联想（如外语词汇）、文本段落的内容、入门课程的基础定义以及科学过程和数学所涉及的步骤。
- 事实证明，它不仅能提高人们对测试内容的记忆，还能增强他们对测试内容的理解，以及将所学知识应用于新环境的能力。

这份清单的重点很简单：将检索练习纳入你的学习工具包是非常必要的，因为它在提高你的记忆力、学习力和对所学知识的理解力方面大有可为。无论你是谁，无论你正在学习什么，也无论你最终想如何使用你所学到的知识，情况都是如此。

证据是什么？课堂内部一瞥

关于检索练习的课堂研究通常分为两类：要么是教师在每堂课上进行某种练习测试，以评估随堂测试能在多大程度上促进学习；要么是学生在课外进行自我测试，然后研究这些练习测试的影响。在本节中，我们将介绍第一种课堂研究，然后介绍与自学时充分利用练习检索有关的研究。

在大脑与行为课程中，学生们参加了旨在帮助他们准备一场高风险考试的复习测验（Thomas 等人，2018）。所有的复习测验都由简答题组成，涉及事实或概念的应用。例如，在关于大脑皮层的复习测验中，基于事实的问题的例子是："新皮层的细胞结构由什么组成？"而应用性问题的例子则是："你正在显微镜下观察一小块脑组织。有什么独特的组织结构能告诉你这是新皮质？"（出自附录 Λ，Thomas 等人，2018）。所有学生都收到了两种不同主题的测验题。在课堂考试中，所有问题都是选择题，其中一些问题与复习测验中涉及的材料有关（如新皮质），而其他材料则是复习中没有涉及的。课堂考试包括基于事实的问题和应用性问题，因此在复习中回答了关于新皮质的基于事实的问题的学生，在考试中就必须回答关于新皮质的概念性问题。考试成绩见图 5-2，其中有几个结果值得注意。

首先，当学生参加有关内容的测验时，无论测验的内容是事实还是应用问题（图 5-2 中的两个阴影条），考试成绩都要好于在测验中没有复习内容的情况（非阴影条）。其次，不出所料的是，当复习测验的类型与考试问题的类型相匹配时，学生的成绩最好。也就是说，涉及事实性问题的复习能使学生在要求事实而非应用的考试问题上取得更好的成绩，反之亦然。最后，即使在不匹配的情况下，复习测验也有益于学生的考试成绩。也就是说，即使复习题涉及的是事实，尝试回答这些复习题也会提高他们后来在应用题上的成绩（与没有接受测验相比）。这只是许多课堂演示中的一个例子，这些演示显示了检索练习对提高不同类型学生、班级的考试成绩的作用（参见 Agarwal 等人，2021 年的综述）。

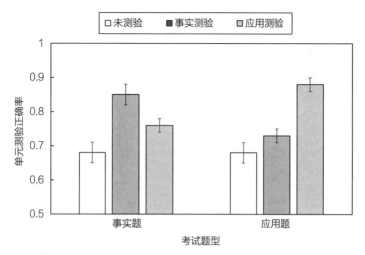

注：摘自 R. C. Thomas，C. R. Weywadt，J. L. Anderson，B. Martinez-Papponi 和 M. A. McDaniel 的《在在线学习环境中测试促进事实性问题和应用性问题之间的迁移》（Testing Encourages Transfer Between Factual and Application Questions in an Online Learning Environment），记忆与认知应用研究杂志（Journal of Applied Research in Memory and Cognition），2018，7，第 255 页。版权所有 © Elsevier，2018。经许可转载。

图 5-2　考试成绩与学生在复习测验中的作文题类型（未测验、事实测验或应用测验）和考试题类型（事实题或应用题）的函数关系

如何使用连续再学习

　　连续再学习是一种非常强大的学习技巧，这在很大程度上是因为它结合了另外两种有效的学习方法：检索练习和间隔练习，这两种方法在第四章中已经讨论过。更具体地说，连续再学习首先需要尝试检索正确答案或对测试提示的反应，检查反馈以评估你的反应是否正确，如果不正确，则再次学习并重复前面描述的所有步骤，直到你检索到给定材料的所有正确答案。在这种情况下，你将以一个正确答案为标准进行学习，目标是在特定的学习课程中继续练习，直到达到这一标准。

　　如果你曾经使用过快闪卡片，那么你可能对这一过程并不陌生：你从一叠卡片开始，这些卡片一面有提示（或问题提示），另一面有正确答案。然后，你依次测试自己并学习每张卡片上的答案。如果你能正确地回忆起答案，就把那张卡片放在一边，但如果你没有正确地回忆起答案，就把那张卡片放在那叠卡片的下面。这就是连续再学习与检索练习的结合。接着你继续翻看那叠卡片，直到你一次就能正确地检索出每个答案为止（也就是说，你达到了一次正确检索的标准）。你需要在每叠卡片中使用多张卡片，这样，如果你错过了某个问题，想重新学习它的答案，就可以在几分钟后再次就该内容进行自我测试。通过这种练习，可以在学习过程中对材料进行间隔练习。

　　这个过程——包括继续练习检索答案，直到正确地回忆起它们为止——只是连续再学习的第一步。下一步是在一个或多个其他学习时段再次使用相同的材料完成这一过程。换言之，在你完成一叠卡片的学习后，你需要把这叠卡片再拿出来学习几次，最好能把这些学习分散到几天。之所以回头重新学习这叠卡片，是因为即使你能够正确地回忆起问题的答案，你也会忘记其中的一些——也许是很多——答案。换句话说，一次成功的检索尝试并不意味着你已经掌握了这些内容，所以你需要回头再学。

　　使用连续再学习来学习简单的联想是相当容易的，事实证明，许多学生在第二语言课程中广泛使用快闪卡片。但他们没有意识到的是，快闪卡片（或类似工具）也可以成功地用于学习其他材料，包括复杂的定义和概念、过程中涉及的步骤序列、较长的文本以及有关科学和历史的描述等。遗憾的是，使用连续再学习来有效地学习这些更复杂的材料确实会带来一些挑战。为了帮助你了解这些挑战，我们在图 5-3 中列出了连续再学习的步骤流程图。在接下来的段落中，我们将简要介绍每个步骤，以强调在使用此技巧进行简单联想之外的其他学习时可能遇到的挑战。

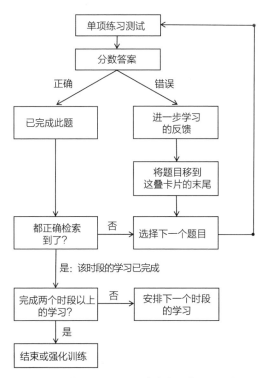

注：摘自 J.Dunlosky 和 A.O'Brien 的《连续再学习的影响以及如何使用纸笔和基于网络的程序准确地实施它》（The Power of Successive Relearning and How to Implement It With Fidelity Using Pencil and Paper and Web-based Programs），心理学教与学的学术研究（Scholarship of Teaching and Learning in Psychology），2020，提前在线发布（https : // doi . org /10.1037/ stl0000233）。版权所有 © 美国心理学协会（the American Psychological Association），2020。

图 5-3　连续再学习步骤流程图

设置练习测试

尽管列出的连续再学习的第一步是进行简单的自我测试，但你可能需要先设置测试。正如我们所提到的，快闪卡片的一面应该有提示，另一面应该有答案。这将适用于从简单的单词到复杂信息（如列表）的任何内容。你可能已经了解如何构建和使用快闪卡片进行简单的关联，同样的方法也适用于更复杂的材料。让我们来举几个例子。对丁复杂的定义（例如，"旁观者效应"的定义或"个人主义"的定义），你可以在快闪卡片的一面写上术语（"旁观者效应"），另一侧写上完整的定义。如果你想制作学习列表（例如，"面部神经都有哪些"），那么"面部神经"应该写在一面，神经的名称应该写在另一面。你甚至可以使用快闪卡片来学习更长的材料，比如学习光合作用涉及的所有步骤和过程，或者动作电位中的步骤。关键是要弄清楚你想用什么单词、短语或问题作为检索尝试的提示，然后使用该提示尝试从记忆中检索答案。

> 快闪卡片可以用来学习很多材料，包括复杂的定义和概念、过程中涉及的步骤序列、较长的文本和有关科学和历史的描述等。

如果你不想花额外的时间制作快闪卡片，也没问题。许多快闪卡片程序都可以在线获得（其中许多是免费的），这可以使这一过程变得更容易（关于这些程序对连续再学习的支持程度，请参见 J.Dunlosky&A.O'Brien，2020）。有些程序甚至允许你和他人共享你的卡片，所以为什么不和你的朋友一起分工合作呢？此外，在大学学习时，约翰从不使用快闪卡片，而是通过连续再学习来掌握定义、列表和冗长的流程。他没有花时间去制作那些卡片，而是简单地将手放在教科书章节末尾出现的定义上，并试着在便条纸上写下正确的定义，以此来测试自己。

只需一包便签，你就可以将其覆在每个要检索的答案上，把你想用来作为回忆提示的词或短语露出来。如图 5-4 所示，如果你试图记住一个图形中的物体名称，使用便签可能会特别有用——在这个例子中，便签被贴在前脑结构的标签上，学生尝试回忆每个结构的名称，然后瞥一眼便签上的答案进行评分。图形右侧的日期表示学生使用连续再学习的每个时段，每个日期旁边的斜线标记表示学生需要重新学习多少次才能正确回忆起每个答案（注意，在短短几个时段内，尝试次数是如何急剧下降的）。便签法效果很好，因为你不会不小心看到正确答案，而且你可以在便签上写下你做得如何（例如，你是否正确地回忆起了答案）或对自己的任何其他评论（例如，突出强调一个特别难学的项目）。

为练习测试的答案评分

在对自己进行测试后，下一步的连续再学习包括对答案进行评分。例如，在学习基础化学的复杂定义时，你可能会对氧化还原进行自我测试，并回忆"电子的转移"。当然，只有当你的答案抓住了正确定义的含义时，你才能得分。大多数复杂材料的难点在于，在你第一次尝试回忆信息时，你可能无法全部答对，你需要仔细检查你的答案。更糟糕的是，研究表明，即使学生有很强的动机去正确地回答问题，他们也经常会给自己错误的答案加分（参见 Dunlosky & Lipko, 2007）。

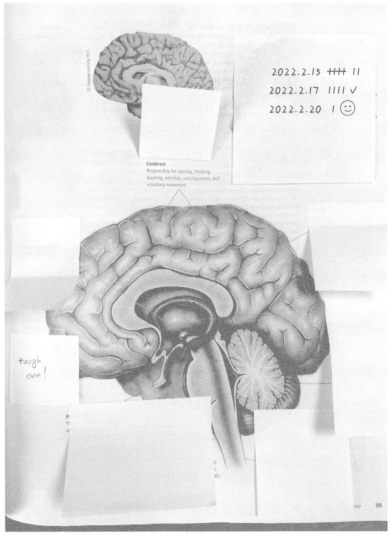

注：摘自 W. Weiten 的《心理学：主题与变化》（第 9 版）（*Psychology: Themes and Variations* 9th ed），沃兹沃思圣智学习出版公司（Wadsworth Cengage Learning），2012，第 99 页，版权所有 © Wadsworth Cengage Learning，2012。

图 5-4 用便签将你的课本变成实用的快闪卡片

总之，给复杂的答案评分可能很难，但你可以让它变得更容易一些。特别是，如果你只是大声回忆答案而不写下来，那么你就需要在对照正确答案时牢记答案。对于冗长的回答，这将是非常困难的，因为在你检查自己的回答之前，你就会开始忘记之前回忆起来的内容。为了避免这个问题，我们建议你书写（或键入）你的回答，这样你就可以对照正确答案仔细检查你的回答。例如，上述关于氧化还原反应的回答有一些正确的观点（即电子转移），但并不完整（例如，一个化合物发生氧化反应或失去电子，另一个化合物发生还原反应或获得电子）。

评分后，你需要决定下一步该怎么做。如果你的回答是错误的，那么你就应该重新学习正确的答案，并在稍后再回到该题目，练习检索正确答案。如果你的回答是正确的，那么你可以决定稍后再试一次，或者把它放在一边，在不同的环节中进行练习。然后，重复这一过程，直到你正确地回忆起你决定在那个学习时段里练习的所有题目的答案为止。完成后，你需要在几天后的另一个时段再次回到这些题目。我们建议你在完成第一轮练习后立即安排下一次练习。如果给每组题目取一个名字（如"基础化学概念"），就可以在日历上标注提醒事项，显示每组题目的复习时间。

"快闪卡片＋"方法

到目前为止，我们已经介绍了许多制作快闪卡片的方法。我们知道有各种应用程序可以帮助你制作快闪卡片，以及各种小组件、小工具和小玩意儿，你也许可以用它们来进行检索练习。也就是说，在索引卡上制作快闪卡片的做法还是有一定道理的。还有一种巧妙的方法可以改变快闪卡片的使用。在"快闪卡片+"方法中,你可以超越把术语写在一面、把教科书定义写在另一面的做法。为了帮助你更好地处理材料,你可以在课本的定义下用自己的话来解释这个定义,然后记下这个概念在你自己生活中的应用。增加这两个简单的元素(你的转述和应用)有助于提高你处理材料的深度,课堂研究也证明了这一点的有效性(Senzaki 等人,2017)。

连续再学习对心理学导论课的强大作用

如果尝试连续再学习,一开始会很有挑战性,因为从记忆中检索冗长的答案要比阅读答案困难得多。不过,这种努力会得到回报。事实上,如果你使用这种方法对一组题目进行三个时段的学习(例如,间隔 2 或 3 天),我们几乎可以保证,到第三个时段,你将能够轻松检索出这组题目中的许多答案,即使这些答案是又长又复杂的科学术语定义,就像你在学习几乎所有科学基础课程时需要掌握的那些定义一样。

在一个研究项目中,学生参加了一门大型基础课程的学习,他们利用连续再学习法学习了前面所述的一些概念定义,以及他们以任何自己喜欢的方式学习过的其他定义。对于使用连续再学习法学习的定义,学生们每次学习一小组定义(例如 8 —10 个),并且在高风险考试前对每组定义进行四个不同时段的学习(Rawson 等人,2013)。有两个结果值得注意。首先,对于使用连续再学习法学到的概念,学生们在高风险考试中的成绩通常要高出一个半字母等级!此外,在这四个不同时段的学习中,学生回忆正确答案的速度显著提高。在第一个时段内,学生需要尝试 30 多次才能正确回忆起一组定义中的 8 个定义,而在第四个时段,学生只需要尝试 11 次就能回忆起这些定义。

换句话说，到第四个时段的连续再学习时，大多数学生在第一次尝试或最差情况下在第二次尝试时就能正确地回忆起每个定义。因此，尽管在最初一两个时段的学习中，学习回忆复杂的材料会有一定的难度，但最终，即使是最困难的内容，也能快速、轻松地回忆出来。

小结

在本章开头，我们强调了检索练习之所以有效的两个原因，即当你正确检索出一个问题时，这样做实际上会增强你对检索内容的记忆。此外，你还可以利用检索尝试来监控自己的学习进展情况，因为当你没有正确回答一个问题时，你就知道自己需要重新学习。

"连续再学习"是一种很好的学习方法，可以监控你的学习进展情况，并帮助你判定你是否已经完成了足够的学习以记住高风险考试所需的知识。特别是，如果你在每个连续再学习时段之间安排几天的时间，那么你的成绩就会让你很清楚地知道自己能记住什么。例如，假设你使用这种方法学习生物科学课程的定义，你安排了四个时段，每个时段之间间隔 3 天。如果你在第一个时段的学习中正确地回忆起了每一个定义，那么在第二个时段的学习中，如果你在第一次检索尝试中就正确地回忆起了一个定义，这意味着你保留该信息 3 天了。如果你在第三个时段内正确地回忆起了相同的定义，那么你可能就已经很好地记住了这个定义，至少还能再保留 3 天，甚至更久。你每次回到这些题目时，都会更快地找到正确答案，这将让你更加自信地认为自己掌握了这些知识。

当然，如果你在每个时段开始时仍然不能正确地检索到某些信息，那么这就意味着你以后不会记得这些信息；也就是说，你可能会发现你一直在努力地记住一些定义。这可能表明你需要更好地理解材料。因此，你可能会一直忘记氧化还原的定义，因为你从未真正理解过这个定义。对于那些你似乎无法记住的烦人材料，你可能需要用其他技巧来补充你的学习，以提高你理解内容的能力。一种方法是与同学或老师讨论材料。其他可能的方法包括改变学习材料的技巧。我们将在其他章节中讨论其中的一些技巧，如自我解释、意象等。

主要训练技巧

- 在多个学习时段内练习检索相同的内容。
- 每周为每门课程安排两个或更多学习时段，并在每个时段内正确检索课程材料的答案，从而达到"成功学习"的目的。

深入学习，追求卓越

Rawson, K. A. & Dunlosky, J.（即将出版）的《连续再学习：一种尚未得到充分利用但却十分有效的获取和保持知识的学习技巧》（Successive relearning: An under- explored but potent technique for obtaining and maintaining knowledge），心理科学前沿（*Current Directions in Psychological Science*）。

注：由佩奇·赫尔博德（Paige Herrboldt.）绘制。经授权印刷。

06 第六章
问题解决课程的专业策略：
交错练习、自我解释和解题范例

在本章中，你将学到：

为什么混合问题可以帮助你学习如何解决难题，为什么与自己讨论正在学习的内容可以提升你的理解力，以及为什么研究问题的解决方法是开始解决问题的极好方法。

斯蒂芬妮（Stephanie）一直在使用各种学习策略来准备她的第一次心理学导论考试。她绝对是一个"间隔型学习者"（见第四章），并且每周都安排几个两小时的学习时段来学习这门课程。在每个时段的学习过程中，她都努力使用连续再学习法来掌握与考试指定章节中最重要的概念相关的定义。斯蒂芬妮已经很好地掌握了这些概念，但当她试图解决这些章节中的问题时，却遇到了困难，例如，计算统计学导论中的概率问题以及解决有关经典条件反射和操作性条件反射的问题。她需要帮助才能成功地继续前进，这并不是说她用来学习如何解决这些问题的策略让她失望，而是那些策略无法在掌握和领悟材料方面解决她所有的困难。斯蒂芬妮现在该怎么办？

让我们先回顾一下：在前面的章节中，我们介绍了一些可以帮助你更好地掌握各种材料和学习目标的策略。检索练习是一个广泛有效的策略，因为它可以用来帮助你学习各种材料和准备各种考试。在木工领域，检索练习就好比一把锤子，你可以用它来完成许多不同的任务。然而，有时候你可能需要一种专业策略——不是用锤子敲打的那种策略，而是一种可以帮助你在更细致的项目上取得进展的工具，就像用砂纸磨平粗糙的边缘一样。

这些工具至关重要，在本章中，我们将介绍几种专业策略：交错练习（interleaved practice）、自我解释和使用解题范例。表6-1列出了这些策略，在接下来的三节中，我们将分别讨论有关策略的细节、为什么它可以提高学习效果、从实验室和课堂上证明策略有效的证据，以及如何最大限度地利用每种策略的技巧。在最后一部分，我们鼓励你将这些策略相互结合，并与本书其他部分介绍的通用策略相结合，真正做到像冠军一样学习。

表6-1　学习与解决问题时使用的三种专业策略

策略	简要说明	应用范例
交错练习	混合练习不同类型的概念	解决问题
自我解释	向自己解释某事	学习流程的运作方式
解题范例	学习如何解决问题的范例	解决问题

交错练习

首先，我们来了解一下交错练习这一专业策略。交错练习（也称为交叉练习）的目的是将不同类型的概念或问题混合在一起进行学习。说明这一策略的最佳方式，也可能是其最佳应用之一，就是解决数学问题。在这种情况下，学生通常会使用分块练习（blocked practice），而不是交错练习。想象一下，你正在几何课上学习解决与不同固体体积有关的问题，如图6-1所示。在传统课堂上，你可能会首先学习求解楔体体积的公式（右上图），然后在练习中解决多个此类问题（即求解不同大小的楔体的体积）。所以，你可能要解决8或10个这样的楔体问题，直到你认为自己已经掌握了为止。接下来，你将继续学习另一种不同固体，如球体（左上图）。同样，你要练习解决多个涉及球体的问题。在这个例子中，在学习解决任何一种问题（如楔体、球体、半锥体）时，你对每个问题都进行分块练习。

> 交错练习的目的是将不同类型的概念或问题混合起来学习。

与分块练习相比，交错练习首先学习所有类型问题（如图6-1中所示的所有问题）的公式，然后随机选择一种问题进行解答。在这种情况下，你可能会先解决楔体问题，然后是圆柱体问题，接着是球体问题，并继续这种模式，直到你能够准确地解答所有类型的题目。这类似于学习标准（见第五章），但交错练习要求你继续（以随机顺序）练习所有问题，直到你懂得如何解决每个问题，并能够连贯地解决为止。最重要的是，与分块练习相比，交错练习可以提高你的学习记忆能力，让你更熟练地解决问题。

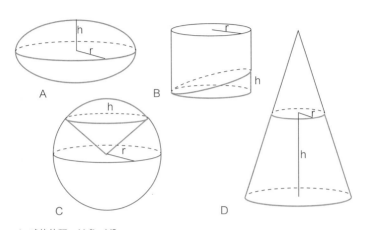

A. 球体体积= (4r²hπ)/3
B. 楔体体积= (r²hπ)/2
C. 球锥体积= (2r²hπ)/3
D. 半锥体积= (7r²hπ)/3

注：摘自 D. Rohrer 和 K. Taylor 的《数学问题位置变换能提高学习效果》（The Shuffling of Mathematics Problems Improves Learning），教学科学（*Instructional Science*），2007, 35，第491 页（https://doi.org/10.1007/s11251- 007-9015-8）。版权所有 © Springer，2007。经许可转载。

图6-1 几何图形和相应公式举例

使用交错练习有益的证据是什么

关于交错练习与分块练习的相对优势，人们已经在实验室和课堂上，利用多种不同的学习材料进行了广泛的探索。这类研究通常使用认知科学家所说的"近迁移"（near transfer）进行测试。这就意味着你练习的内容与你测试时所要考查的内容不完全一样，也就是说，你必须将学习时所学到的知识进行迁移，才能正确完成测试。例如，关于图 6-1 中涉及体积的内容，你可能会练习求解一个半径（r）为 2 英寸、高（h）为 4 英寸的球体的体积，但是在最后的测试中，你会被要求计算具有不同半径和高度（分别为 3.5 英寸和 10 英寸）的球体的体积。如果你在学习不同艺术家的绘画风格，你可能学了五位不同艺术家的具体画作，然后在最终测试中你会被要求指出每幅画作分别出自哪位艺术家之手。如果在测试中出现了新的绘画作品，那么这个测试就涉及知识迁移。在涉及知识迁移的测试中取得好成绩，正是大多数学生想要做的事情，因为考试很少会完全按照你练习学习的方式进行（即使你的练习包括自我测试，正如我们在第五章中所建议的那样，你通常也不会检索到与你在高风险考试中被测试的题目答案完全相同的答案）。

选择交错练习而非分块练习的学生，在迁移测试（涉及每个问题不同版本的测试）中的最终成绩往往要好得多。使用交错练习学习数学的好处也许是最有据可查和令人印象深刻的，请看一项涉及真实教育背景的调查结果（Rohrer 等人，2020）。在 4 个多月的时间里，来自 50 多个班级的七年级学生解决了与他们在课堂上学习的不同概念相关的数学问题，例如解不等式方程和简化代数方程。活页练习题或者呈现不同概念的混合问题（交错练习），或者包含一个概念的问题（分块练习）。在对概念进行最后复习一个月后，学生们接受了一次最终测试，其中包括每个概念的新问题。他们的最终成绩证明了交错练习的巨大优势，采用交错练习的学生成绩比采用分块练习的学生成绩高出 23%。

为什么交错练习能促进学生的学习、提高学生的成绩呢？事实证明，交错练习的强大作用来自几个因素，了解这些因素对于充分获得这个策略的益处至关重要。第一个因素——间隔练习，你已经很熟悉了。分块练习是同时集中练习一种问题的所有内容，而交错练习则必然涉及间隔练习。以我们计算不同固体体积的例子为例。在交错练习的情况下，你可能会先解决一个楔体问题，然后再交错解决其他三个固体（球体、圆锥体、半锥体）的问题，只有在解决了其他问题后，你才会回头解决另一个楔体问题。因此，每种问题的练习在时间上是有间隔的，我们知道，间隔练习通常会带来更好的学习效果（有关详细信息，请参见第四章）。

第二个因素——辨别对比——是交错练习的独特之处。请注意，通过不同类型问题的交错练习，你可以更好地将一种问题与另一种问题进行对比（或比较），因为它们会一个接一个地练习。在某些课程中，能够识别出你想要解决的问题的类型是考试的一个重要部分。例如，如果你能识别出你要解决的问题的类型，你就会更容易决定要使用哪个公式。练习这一技能的最佳方法是随机交错问题的类型，这样你就不会提前知道你要面对的是哪一类问题。要获得这种交错问题的好处，面临的挑战是需要给定将要解决的问题，这样你的首要任务就是确定你要解决的问题的具体类型。遗憾的是，教科书通常会以批量的方式呈现练习题，所以当你开始练习时，你就会提前知道你要解决的问题是以经典条件反射或操作性条件反射为重点的（例如，如果心理学导论中的章节是关于"学习"的），因此，你就不会获得识别问题类型的练习。相反，这些问题需要以这样一种方式交错呈现，即你必须练习识别你想要解决的问题的类型。

使用交错练习的小贴士

我们建议你尽可能使用交错练习，部分原因是这样做可以利用一种技巧（即间隔练习），我们确信这种技巧会有益于你的学习。挑战在于，练习题往往以批量方式呈现，比如，在一章的末尾会呈现一种题型的多个版本。我们建议，如果可能的话，在练习前收集所有章节的例题，并将它们混合起来。虽然这样会增加练习的难度，但却更能有效地利用时间。不过，这种努力是值得的，因为通过交错混合练习可以帮助你学习。

> 通常情况下，教科书会在一章的末尾提供多个同类问题的例题。我们建议在练习前收集所有章节的例题，并将它们混合起来。

有时，没有足够数量的练习题可以让你轻松地交错处理不同类型的问题。除了讲课过程中出现的问题外，教师可能不会提供其他任何问题，而教科书中提供的问题可能也不够多。解决的办法之一是在班上成立一个学习小组，让每个小组成员设计几道你需要学习的各类练习题。然后，你们可以交换问题或轮流解题，只要确保在开始之前将所有的问题（不同类型的问题）混合在一起即可。

自我解释

自我解释包括对为什么一个特定的事实、概念或解题方法是正确的做出解释。你可以在学习过程中随时使用它。因此，它涉及问自己"为什么""什么"或"怎么"的问题。例如，如果你正在阅读关于感知的章节，你可能会问自己，"感知到底是什么"或者"感知与感觉有何不同"。另一个例子涉及统计学的学习，当你正在学习一个解决统计问题的解题范例时（例如，如何计算平均值的标准误差），你可能会问自己，"为什么解决方案的这一特定步骤是必要的"。当然，在你提出问题之后，下一步就是给出答案：自我解释。其实就是这么简单，下面让我们深入探讨一下证据，以及如何在学习时使用自我解释。

使用自我解释有益的证据是什么

在探讨证据之前，我们要承认学习解决问题是一件具有挑战性的事情。这也是你在计算机科学、化学、认知心理学、数学等许多课程中都要做的事情。当然，解决问题也可以是有趣的，为了说明这一点，请花点时间解决图 6-2 中的逻辑问题（基于经典的沃森选择任务）。图中每张卡片的一面是乐器，另一面是数字。对于这个问题，你需要翻开一些卡片来评估以下规则的正确性：如果一张卡片的一面是吉他，那么它的另一面就是数字 9。

图 6-2　每张卡片的一面是乐器，另一面是数字

你是否尝试过解决这个问题？答案是，只翻开前两张卡片。尽管很多人说有 9 的那张卡片也应该翻过来，但如果有 9 的那张卡片的另一面不是吉他，那并不意味着所有有吉他的卡片的另一面都没有 9，所以翻那张卡片并不能提供任何证据。解决

这些问题需要了解如何应用逻辑规则，就像学习如何解决许多不同类型的问题一样，这些规则可能很难理解和掌握。

你需要翻开哪些卡片来评估这个规则：如果卡片的一面是吉他，那么它的另一面就是数字 9。

贝瑞（Berry）（1983）是早期对自我解释进行研究的学者之一。在这项研究中，学生们接受了关于如何解决逻辑问题的简短指导，如沃森选择任务（图 6-2）。在接受指导后，学生们能够练习处理这个任务。有些学生被要求解释他们选择（或没有选择）每张卡片的原因，也就是说，学生可能会问，"我为什么选择有 9 的卡片"，其他学生只是练习解题。在练习过程中，所有学生都表现出色，答对了 90% 以上的问题。更重要的是，学生们后来被要求解决抽象版本的逻辑问题，这就需要对逻辑有更深入的理解。在练习过程中进行了自我解释的学生在抽象版问题上的正确率仍然接近 90%，而那些没有在练习过程中进行自我解释的学生在抽象版问题上的正确率不到 30%。

为什么自我解释可以提高你对材料的理解？虽然目前还没有研究能确切地证明自我解释为何有效，但有一些流行理论可供参考。首先，当你试图解释某事时，一种方法是将你已经知道的信息与你正在努力学习的内容结合起来。因此，那些在练习过程中解释每张卡片的学生可能更多地思考了如何解决这些问题的说明（这是他们刚刚学到的），以及如何在解决其他问题时使用这些说明。其次，你可以以相对不那么投入的方式轻松练习解决问题，例如通过做出快速的判断来获取正确答案的反馈。在图 6-2 中，你可能会选择第一张和最后一张卡片，原因很简单，因为它们上面有出现在目标规则（如果一面有吉他，另一面就是数字 9）中的对象（吉他和数字 9）。自我解释会自然地减慢你的速度，从而鼓励你更深入地考虑这些选项，并促使你去评估它们是否正确。

综上所述，我们认为自我解释可以帮助你更准确地监控自己的表现，从而提高你的成绩。想象一下，你正在上一门生物课，试图理解光合作用中涉及的所有过程。你打开课本，但你没有简单地重读教材，而是决定尝试自我解释，尝试向自己解释整个过程中的每个步骤。如果你能正确地解释每个过程，那么你可能做得很好，特别是如果你是通过从记忆中检索来解释这些过程的话（见第四章）。相反，如果你无法向自己解释部分或全部过程，那么你已经确定了可能需要进一步指导的内容。也许你可以阅读不同的过程摘要，向其他同学请教，甚至向老师寻求帮助。

使用自我解释的小贴士

人们天生喜欢解释自己——当你让朋友解释他们正在做的任何事情（为什么他们在餐馆点了特别的饭菜，为什么他们想在晚上看特定的电影等），我们认为你的朋友绝不会说"我不知道"。相反，他们会对自己的决定和喜好背后的原因做出解释，有时甚至会很详细。几乎每个人都喜欢解释自己，我们建议你将自己善于解释的天性引导到学习上。诚然，到目前为止，还没有多少研究专注于探索解释的最佳方式或解释的最佳时机，因此，我们在此提出的建议更多的是基于我们作为教师和（曾经的）学生的知情直觉。

我们认为，当你已经对目标材料有了初步的了解时，自我解释就会发挥最大的作用，也就是说，当你对材料有了初步的了解之后，你就能够最有效地使用自我解释。即使在上述贝瑞

（1983）的研究中，也是先指导学生如何解决逻辑问题，然后才开始练习和解释他们的选择。事实上，如果你没有某一领域的背景知识，我们认为自我解释在很大程度上是浪费时间，因为你根本无从下手。鉴于此，开始使用这一策略的最佳时机就是刚开始复习材料的时候。例如，当你在课堂上做笔记时，你会接触到一些材料，因此，当天晚些时候，当你坐下来第一次复习笔记时，可以考虑尝试解释任何可以向自己解释的内容（例如，记忆大脑部分的标签不需要解释，但血脑屏障如何阻止毒素侵袭大脑则需要解释）。在第一次复习笔记时采用这种策略，不仅能比单纯阅读更深入地理解材料，还能立即评估自己是否真正理解了材料。

下面是你在进行自我解释时可以问自己的一些问题，其中一些问题可以在阅读文本或笔记时使用，而其他一些则可以在练习解决问题时使用。

当阅读文本或笔记时，你可以问自己：

- 这个过程（例如光合作用）是如何进行的？为什么？
- 有什么好的例子可以说明这个特定的概念？
- 为什么文中所举的例子对于它所说明的概念来说是一个合适的例子？
- 为什么作者说"某某某"（几乎任何内容都可以放在这里）是正确的？

当解决问题时，你可以问自己：

- 在开始之前，先问问自己，这是一个什么样的问题，有哪些可能的解决方案？
- 我以前解决过类似的问题吗？

- 为什么解决问题的某个步骤是正确的（或错误的）？
- 为什么我似乎很难理解这个问题？

提出这样的问题比简单地阅读文本或照搬问题解决方案更有趣，而且这种参与本身就会产生挑战（例如，当你无法回答某个问题时），这可能会让你放慢速度，促使你对内容有更深入的理解。

> 自我解释的一个好处是，它可以让你弄清楚自己尚未理解的内容。

最重要的是，要记住自我解释的目的并不是只有当你确信自己能够轻松做出正确解释时才去"解释"。相反，你应该用你不确定的问题来挑战自己，因为无法正确地解释一个概念可以让你监测自己的理解，从而为最终掌握任何材料提供一个重要的基石。在这种情况下，可以考虑复习一下教材，找出问题的答案，如有疑问，可以考虑向班上其他同学或老师寻求帮助。

解题范例

在不熟悉的领域解决问题可能具有挑战性，但往往是某些课程（如数学、物理或化学）取得优异成绩的必要条件。一般来说，解决问题包括三个阶段：(a)表述问题（即确定问题的类型以及如何解决问题），(b)生成问题的解决方案，(c)评估问题答案的质量。帮助你解决新问题的方法之一是学习解题范例（worked examples），这些范例提供了解决特定问题的所有步骤以及问题的答案。解题范例的使用主要集中在第二阶段：生成和实施解题步骤，但在深入探讨解题范例的强大作用之前，我们先简要介绍一下每个步骤。如果你已经熟悉了表述问题的基本方法以及如何评估解决方案的质量，请继续讨论解题范例。

正确表述问题有时是解决问题最困难的一步，尤其是棘手的问题。在继续阅读之前，请尝试解决图 6-3 中的九点问题。尽管解题本身很简单（至少在你知道解法之后），但很多人在解这道题时还是很费劲。人们之所以费劲，是因为他们往往一开始就用一种使问题无法解决的方式来表述问题：大多数人认为，所有四条线都必须保持在八个外点所构成的边界内。然而，这四条线可以且必须超出这些边界。当人们正确地表述问题时，解决方案通常近在咫尺（解决方案见图 6-4）。因此，准确表述问题需要了解问题的可能解决方案（例如，线条可以延伸到边界之外），但这样做可能还需要对问题进行正确分类。在物理、工程学和化学等课程中，这种分类的重要性可能最为明显。在物理考试中，可能会有 10 个问题需要解决，你必须首先对问题进行正确分类——是关于力、速度还是摩擦力的问题？如前所述，使用交错练习来解决问题可以让你有机会练习识别每种类型的问题。

注：在一个点上放一支铅笔，在不拿起铅笔的情况下，只用四条线把所有的点连起来。

图 6-3　九点问题

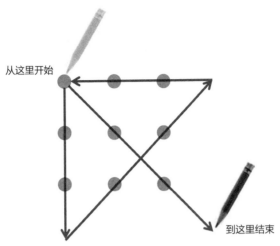

图6-4　九点问题的解决方案

　　即使你正确地表述了一个问题，但这并不意味着你能够解决这个问题。因此，你可能会正确地识别一个问题，即确定一个持续加速的物体在某一时刻的速度，但是，如果你不知道正确的解法和如何使用它们（在这种情况下，是一系列方程），那么你就会很吃力。在这种情况下，你需要能够准确地回忆起所有方程式（这是连续再学习的一项繁重的任务），并懂得如何使用它们。懂得如何解决问题可能相当困难，这可能是所有学生都不主修物理或工程学的原因之一。即便如此，许多课程都需要解决问题，当你难以得知如何解决问题时，使用解题范例（我们稍后将进一步介绍）应该成为一种首选策略。

　　最后一步是评估你的答案和解决方案的质量，也就是说，你是否给出了正确的答案，以及你是否选择了正确的解决方案。跳过这一步肯定会导致错误：当约翰在解决问题的讲座中使用9点问题时，有些学生提交了"正确解决"的问题，而实际上他们用了5条线（多了1条线）。我相信这些学生会数到5，所以他们只是没有仔细检查自己的答案。这里有一个建议，就是要记住经常检查你的答案，对于复杂的问题（如物理或工程学），当你没有给出正确的答案时，就应该评估一下，你是选择了正确的解决方案，只是计算出了问题，还是你选择的解决方案本身就不正确。如果你是因为选择了不正确的解决方案而导致的错误，那么，你需要诊断一下你为什么会这样做。是因为你混淆了不同类型的问题（在这种情况下，交错练习可能会有所帮助），还是因为你对使用哪种解决方案不甚了解（在这种情况下，你可能需要重温课本或笔记）？此外，值得注意的是，检查答案的质量也与你的自我解释有关——每当你自问自答"为什么"或"什么"的问题时，如果你对自己的答案是否正确有任何疑问，那么，你就应该去查阅资料，或者向其他学生或老师寻求帮助。事实上，我们认为自我解释的一个好处是，它可以让你监测和弄清楚自己尚未理解的内容，所以，一定要检查你自己的自我解释的质量！

当你在解题阶段遇到困难时，解题范例会非常有用。解题范例就是：它提供了如何解决问题的详细示例。解题范例可能相当复杂，因为具有挑战性的问题的解决方案往往很复杂。在课程讲授过程中，当教师讨论如何解决问题时，他们通常会引导学生完成解决例题的步骤。从本质上讲，他们是在给你提供一个解题范例。请务必将这些解题范例记录在笔记中，包括解题的所有步骤及其原因。然后，当你在练习解决新问题时，如果遇到困难，就重温并学习你的解题范例。你的目标是找出哪些步骤没有正确执行（或遗忘了），以便在解决下一个问题时取得更大的成功。事实上，你可能根本不想等到你陷入困境时再去学习。一些研究表明，从学习解题范例开始（特别是当你是一个新手，刚刚开始接触一个新领域的时候），然后再转向解决问题，可以加快学生学习解决具有挑战性问题的速度（参见 van Gog 等人，2019)。

学习解题范例有益的证据是什么

证明使用解题范例的有效性的大部分证据来自实验室研究，通常使用初学者面临的复杂问题（例如，如何编写计算机程序）。我们现在介绍一个这样的实验，它总体上反映了用来评估解题范例有效性的方法，并包括了该文献中最令人印象深刻的一些结果。

帕斯（Paas）和范·梅里安布尔（van Merrienboer）（1994）为一所职业学校的学生提供了操作计算机数控机械所需的几何原理的初步指导。他们在指导学生如何解决这些复杂的问题后，提出了六个问题供学生练习。一些学生接受了常规练习，尝试解决一个练习问题，然后接受关于他们答案的反馈。解题范例组的学生只学习每个问题的解题范例。练习结束后，学生们必须解决相同类型的新问题。结果发现，练习过解决问题的学生解决新问题所花的时间是学习过解题范例的学生的两倍多。此外，尽管学习过解题范例的学生只花费了一半的时间，可是他们的成绩却比练习过解决问题的学生高出约一倍。

在这种情况下，学习解题范例比解决问题更有帮助，原因很简单。学生们对如何解决这些问题的背景知识知之甚少，或者对这些问题的解决方案的结构理解不深，所以试图解决一个无法正确表述的问题或无法生成合理解决方案的问题将是一种相对低效的时间利用方式。在这种情况下，解题范例可以让学生对问题的模式（包括最终目标和实现目标所需的解决方案）

有一个全面的了解。需要注意的是，在使用解题范例学习如何解决问题之后，你应该从学习解题范例转向从头开始实际解决问题。换言之，当你对问题的模式有了更好的理解之后，就不再需要解题范例了，因为你已经知道了足够多的知识，可以通过尝试解决新问题来获得更多的知识。与新手相比，专家有时会受到解题范例的阻碍，最好把练习时间花在尝试解决新问题上。所以，当你开始涉足一个涉及解决问题的新领域时，不妨先学习一下别人是如何成功解决问题的，这可以为你理解问题以及如何准确地解决问题提供一个良好的开端。

使用解题范例学习的小贴士

在查看解题范例时，或许可以问自己："解题的所有步骤是什么，为什么每个步骤都与解题有关？"从本质上讲，这结合了解决难题的策略和自我解释的策略，而结合有效的策略通常是一个好主意（见第八章）。在你对解题范例感到得心应手之后，试着从头开始解决一个新问题。如果你还遇到困难，就应该学习新问题的解题范例（如果有的话），然后继续解决另一个新问题。如果你继续遇到困难，那么，你可能需要使用一个逐渐简化的解题范例（a faded worked example）。对于逐渐简化的例子，你要先学习问题前半部分的步骤，然后再解决剩下的部分。当你做对了，你就可以在下一个问题中逐渐简化（或撤回）其解题范例中的更多步骤。例如，你可以先学习解题范例的前四分之一，然后尝试解决剩余部分。这样，下一次你就可以自己正确地解决更多的问题。在某个时候，你不需要任何例子就能取得成功。

我们刚才介绍的这项研究说明了如何解决某一特定类型的

问题，例如，某一类统计问题或化学问题。学习解题范例是为了帮助你加深对问题解决第二阶段的了解。不过，即使你已经达到了解决某一类问题的目标，也请记住，在考试中（或在现实世界中），你首先需要做的可能是识别问题并正确地表述问题（解决问题的第一阶段）。因为一个领域内不同类型的问题对于初学者来说往往看起来像是同一个问题，如果你不能准确地识别每个问题，即使你在知道问题类型后能够解决每个问题，你的考试成绩仍然可能会很差。如果你在识别问题上遇到困难，那么就应该安排一个学习时段，在这个时段的学习中，你可以使用交错练习技巧，它会要求你在开始解决问题之前识别问题的类型。

小结

在本章中，我们介绍了三种策略——交错练习、自我解释和使用解题范例——旨在帮助你理解和领会概念上有难度的材料以及提高你解决各种问题的能力。我们鼓励你尝试所有这些策略，但要真正利用本书中介绍的这些策略和其他策略的力量，你需要针对特定情况组合使用这些策略。这些策略可以以多种方式组合，当你的首选策略失效时，选择使用额外的策略是成为学习冠军的一部分。鉴于可用的策略数量很多，组合的数量相当惊人，因此，在第八章中，我们将提供一些有效组合的例子。

本章和之前介绍的各种策略可以更广泛地用于学习如何解决化学、物理、工程学、数学等不同课程中的问题。因此，在学习时，要考虑当前的学习目标，选择最适合的策略。为了帮助大家，我们在图 6-5 中列出了这些策略，以及如何利用它们来提高你在涉及问题解决的课程中的成绩。例如，就图 6-5 而言，如果你在数学课上难以理解为什么以及按照什么顺序应用解法来解决一个难题，那么，你可能需要学习该难题的解题范例。在这种情况下，你可以通过解释为什么解题的每一步对于正确解题都至关重要，来进一步提高你在考试中解题的能力。因此，当需要确定哪些策略可能最有用时，请参考此图，然后可能要重新查看文本中有关该策略的更详细的说明。我们希望本指南能让你对何时可以使用何种策略来像冠军一样学习有一个全面的了解。

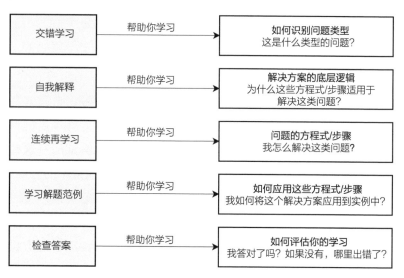

图 6-5　用于物理、工程学、化学等问题解决课程的学习策略

主要训练技巧

- 尝试向自己解释难懂的概念，这是一种有价值的学习
方法。

- 了解何时使用这些策略作为学习的补充，从而实现"成功学习"：使用交错练习法学习容易混淆的概念和问题，在学习笔记时，尝试自我解释，在开始学习解决新问题时，学习解题范例。

深入学习，追求卓越

Dehaene, S.（2021）的《我们如何学习：教育与大脑的新科学》（*How we learn：The new science of education and the brain*），企鹅出版社（Penguin Books Ltd）。

注：由佩奇·赫尔博德（Paige Herrboldt）绘制。经许可印刷。

07 第七章
何时使用高亮标注、重读、总结和意象

在本章中，你将学到：

　　什么时候使用荧光笔为接下来的学习做准备，什么时候重新阅读和总结材料以推动学习成功，以及为什么建构心理意象可能有助于记住一些课程内容。

　　我们与许多学生谈论过他们的学习方法以及他们认为最有效的学习策略，我们非常确定许多学生已经在使用一些最有效的策略，比如以正确的方式记笔记和使用检索练习。我们希望你至少已经在使用其中的一些策略，对于那些还没有使用这些策略的学生，我们鼓励你尝试一下我们在前面几章中提出的建议，例如，计划和安排学习每门课的时间、管理时间、使用连续再学习法等。但是，我们并不建议你放弃你一直在使用的所有其他策略。其中一些策略可能不一定是最有效的，但如果使用得当，并与其他策略相结合，它们就会成为你策略工具箱中的重要补充。在本章中，我们将介绍其中四种策略：（a）高亮

标注，（b）重读，（c）总结，以及（d）意象。

在我们讨论如何使用每一种策略之前，请先考虑一下为什么这些策略通常没有我们已经介绍过的那些策略有效。评价策略有效性的一个标准是，使用这种策略是否能提高学生对所学内容的理解和记忆（例如，Dunlosky 等人，2013）。举个例子，设想有两组学生在备考时阅读同一个章节：一组学生只是阅读该章节，而另一组学生则在阅读时使用荧光笔来突显最重要的内容。所有学生都有相同的学习时间，然后接受内容测试。结果证明，两组学生的测试成绩可能没有显著差异，也就是说，在阅读过程中，高亮标注重要内容可能会对你的学习起到一点促进作用，但它并不是掌握学习内容的有效策略。同样，偶尔重读笔记或课本（相对于什么都不做）对学生的学习成绩几乎也没有什么影响。

这些策略并非完全无效，当与其他策略结合使用时，它们可以帮助你实现学习目标。我们猜想，大多数学生都明白，高亮标注本身并不能显著提高他们的学习效果（这不是你高亮标注的原因，对吧？），但如果发现重读如此无效，他们会感到失望。因此，记住这一点，让我们来谈谈如何在学习时像学习冠军一样使用这些策略。

高亮标注

在大学书店里翻开几乎任何一本旧书，你都会看到五颜六色的涂鸦和下划线，就像彩虹洒满了书页。尽管大多数教科书都预先高亮标注了重点内容，用粗体、斜体或缩进的方式呈现最重要的信息，但情况依然如此。虽然高亮标注可能不是最有效的学习策略，可是我们大多数人还是会使用它。事实上，本书的一位作者也提到，他有一支最喜欢的荧光笔，他不让任何人——绝对不允许任何人——借用。那么，我们为什么喜欢高亮标注呢？有时候，与不使用荧光笔相比，使用荧光笔可以帮助我们记住更多的阅读内容，也许它可以阻止一些人思绪游离，也许有些人只是被他们最喜欢的荧光笔的明亮大胆的颜色（偶尔还有香味）所吸引。即便如此，使用荧光笔并不能使我们掌握知识，也很可能无法把成绩从 C 级提升到 A 级。那么，如何使用这样一个简单而受人喜爱的工具来提高自己的成绩呢？

荧光笔是一种可以启动学习的工具——它是学习之旅的起点，而不是终点。正如我们之前提到的，阅读教科书的某一部分之后再回头去高亮标注它，实际上可能会帮助你更好地处理文本（参见 Miyatsu 等人，2018），但将高亮标注作为唯一的学习策略，并不能让你掌握足够的材料，从而在考试中取得优异成绩。因此，我们最重要的建议是，使用高亮标注时要有具体的目标。其中一个关键目标是使用荧光笔为更有效的学习策略做准备。例如，你可以高亮标注你要使用连续再学习法学习的内容。在高亮标注重点内容后，再将其制作成快闪卡片（用于自我测试），或者使用便签技巧（如第五章所述），为检索练习突出重点内容做好准备。如前所述，许多教科书已经以某种方式确定了最重要的材料，因此，你可能只想高亮标注老师强调的内容。

另一个应用是在初读时高亮标注你没完全理解的内容。这样，你就可以稍后再看这些内容，尝试更好地理解它们，比如从不同的作者那里复查同样的内容（例如，如果你不理解课本中的光合作用，也许别人会给你更好的解释），或者向同学或老师寻求帮助（关于寻求帮助的技巧，见第九章）。在这里，

彩虹色可能会派上用场，像学习冠军一样高亮标注重点：一种
颜色可以用来标出你感到困惑的内容，而另一种颜色则可以用
来标出应该准备进一步学习的材料（例如，用于快闪卡片）。
这只是你在高亮标注时需要考虑的两个目标，毫无疑问，你也
可以发展出其他目标。重要的一点是，高亮标注并不是你学习
之旅的终点，而是帮助你开始学习的工具——所以，可以使用
荧光笔，但要有目的地使用。

重读

有很多课程材料都需要阅读，比如课堂笔记、教科书、练
习册等。如果你需要学习的课程材料是用文字写成的，无论它
是课堂笔记、教科书，还是教师的练习题，你都需要阅读。如
果你忘记了读过的内容，或者没有理解它，那么你就需要回去
重新阅读这些材料。但是，重读会增加你理解和记住这些材料
的机会吗？

为了回答这些问题，请参考罗森（Rawson）和金茨
（Kintsch）（2005）进行的一项调查的结果。他们让大学生阅读
了一篇具有挑战性的《科学美国人》（Scientific American）文
章，内容是关于碳封存的。有些学生只读了一遍，而其他学生
读了两遍。就那些重读的学生而言，有些人是在完成初读后立
即重读（称为集中学习）的，有些人则是在一周后重读（称为
间隔学习）的。后一组学生使用的是间隔学习计划，但他们并
没有进行检索练习（如第五章所述），而只是重读。在三组（单
次阅读组、集中重读组和间隔重读组）学生中，每组都有一半
学生在完成第一遍阅读后立即参加测试，另一半学生在阅读后
两天参加测试（单次阅读组在第一遍阅读后，重读组在第二遍

阅读后）。后两天的保留时间间隔很重要，因为它最能反映考试前一晚的学习情况。最后，测试包括简答题，以衡量学生对碳封存的理解程度。

结果如图 7-1 所示，其中有几个结果是值得注意的。请看即时测试的成绩（图的左侧）：在这种情况下，重读的效果比单次阅读好，集中重读的效果和间隔重读的效果一样好。然而，你很少会在学习后立即接受测试，而且你的学习目标往往是在较长时间内保持对最重要内容的理解。所以，延时测试的结果（图的右侧）可能更具相关性。在延时测试中，集中重读的人的成绩并不比只读一遍的人好多少，重读并没有产生长期影响。相比之下，那些间隔重读的人在两天内保留了更多他们最初从文章中学到的知识，也就是说，无论是在学习后立即接受测试，

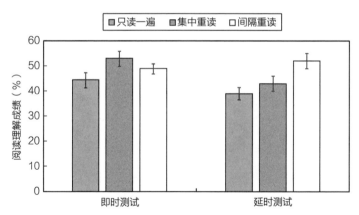

注：标准误差条是根据原图估算的。改编自 K. A. Rawson 和 W. Kintsch 的《重读效果取决于测试时间》（Rereading Effects Depend on Time of Test），教育心理学杂志（*Journal of Educational Psychology*），2005，97(1)，第 72 页 (https://doi.org/10.1037/0022-0663.97.1.70)。版权所有 © 美国心理学会（the American Psychological Association），2005。

**图 7-1　只读一遍、连续读两遍（集中重读）或在一周内读两遍
（间隔重读）文章的学生的测试成绩**

还是在延迟两天后接受测试，间隔学习组的成绩大致相同。最重要的是，该组在延时测试中的成绩优于其他两组。总之，重读课本和笔记可以提高你的记忆力，而且当你间隔一段时间重读时，重读的效果可能会最好。

这些结果的另一个方面也值得注意，但往往被教育研究人员忽略：尽管间隔学习组在延迟两天后的成绩最好，但学生们的成绩仅略高于50%。因此，如果这是在真实课堂上进行的一次高风险考试，间隔学习小组仍然会不及格。在这种情况下，如果这些学生能在间隔几天的不同时段内多读几遍内容，也许他们最终会获得及格分数。但是，正如我们在第五章中讨论的那样，更好的方法是在这些间隔时段内进行检索练习，然后在你没有正确回答练习题时重新复习内容。换句话说，为了确保你已经学会并将记住这些内容，连续再学习是更好的选择。

> 重读课本和笔记可以提高记忆力，而且间隔性重读的效果可能最好。但是，间隔性的检索练习仍然是比重读更有效的方法。

根据所有可用证据，我们建议你谨慎使用重读。当然，当你不理解某些内容时，你可能别无选择，只能回去重读，试图弄懂它。如果继续重读也无济于事，那么，你就需要采取更有吸引力的策略——学习相关内容的例子，或者向同学或老师寻求帮助。

总结

"总结"作为一种策略，顾名思义就是：简要地重新表述你所阅读的主要内容。有时候，学生会问他们是否应该抄写笔记——只是重新写一遍，把内容牢牢地储存在他们的记忆中。我们认为，抄写并不能很好地利用时间，因为人们很容易只抄写内容而不深入理解。相比之下，总结则涉及内容的转换，并将其意义用自己的话表达出来，同时尽量省略不太重要的细节和冗余部分。因此，与抄写相比，写总结则更有吸引力，所以，总结似乎是学习困难内容的最佳策略。

然而，由于种种原因，关于总结的影响的研究并不那么令人鼓舞（参见 Dunlosky 等人，2013）。首先，研究结果喜忧参半：与只读文本的学生相比，总结文本的学生有时成绩更好，有时成绩相同，有时成绩更差。其次，总结本身可能需要花费相当多的时间，甚至可能比检索练习等策略花费更多的时间，可是检索练习等策略已被证明能够持续提高学生的学习效果。最后，当训练低年级学生写优秀的总结时，这样做确实会提高他们的学习效果，但即使是这个令人鼓舞的结果，也意味着许多学生可能需要训练才能写出高质量的总结，因此，对他们来说，总结是一种有效的学习策略。

意象

你的大脑擅长转换感官提供给你的信息。大脑可以完成的一项惊人的壮举涉及使用心理图像。许多人可以回忆起他们以前见过的图像，甚至可以将其他信息（最明显的是文字）转换成代表它们的内部图像。如果可以的话，花点时间在脑海中游览一个你熟悉的地方，比如你的家，然后走进去，记下那里有什么。我们大多数人都能对熟悉的地方产生详细的心理图像，感觉就像身临其境一样！现在，试着在脑海中想象"狗"这个词。也许你在想象自己的宠物，或者最近在电视上看到的一只狗。现在，想象一下"勺子"这个词。如果你把这两张图像放在一起——也许你会看到一只狗用一把漂亮的勺子吃东西——那么，你就利用了交互式意象。

事实上，意象是 2000 多年前第一批职业演说家的首选策略。在没有纸张的情况下，演说家们需要背诵冗长的故事来与他人分享。在你发现这些演说家使用了像这里描述的有效心理策略之前，这一壮举几乎是不可能完成的。他们使用的一种策略非常有效，并利用了我们鼓励你生成的心理图像。这种策略被称为轨迹记忆法（method of loci）⊖，它涉及将你想要记住的内容存储在一个更大的心理空间中的不同位置（或地点）上。当你想回忆起这些信息时，只需在心理上回到每个位置即可。演说家首先要将一个有很多位置（或摊位）的剧院牢记于心，然后把要记住的内容存储在不同的位置上，以便稍后检索。

举个更具体的例子，你首先要确定一个你熟悉的地方的不同位置，比如你家的大门、门厅里的衣架、你经过的卧室门等。在每个位置上，你都会在头脑中放置一个待记住的物品。例如，如果你想记住一份杂货清单，你会把每样杂货放在家里的不同位置：苹果放在前门，芹菜放在衣帽架上，西兰花挂在卧室门口等。利用心理图像使每件可视化物品与位置互动（就像前面

⊖ 轨迹记忆法（Loci method）是一种传统的记忆术。这种技术在古代不用讲稿的讲演中曾被广泛使用。使用轨迹记忆法，就是学习者在头脑中创建一幅熟悉的场景，在这个场景中确定一条明确的路线，在这条路线上确定一些特定的点。然后将所要记的文案全都视觉化，并按顺序和这条路线上的各个点联系起来。回忆时，按这条路线上的各个点提取所记的文案。https://baike.baidu.com/item/%E4%BD%8D%E7%BD%AE%E8%AE%B0%E5%BF%86%E6%B3%95/6548374?fr=ge_ala ——译者注

例子中的狗—勺—样），会有更大的帮助。例如，互动图像可以想象一个巨大的红苹果挡住大门，或者一个用芹菜制成的衣架。当你去杂货店购物时，只需在脑海中的房子里走一圈，就能回忆起所有想要购买的物品。

轨迹记忆法虽然有效，但在许多情况下并不实用。毕竟，你需要从已经记住的大量位置开始学习（这可能需要一些时间和精力），而且你需要学习的大部分内容并不容易放在指定位置上。不过，随着你越来越熟练地运用每种策略，当需要的时候，心理意象可以成为一种有用的专业工具。

为什么我们认为心理意象是一种专业策略，而检索练习却被认为是一种更普遍、更通用的策略呢？这个问题的答案是，你可以练习检索任何你想学习的内容，这样做可以提高你对这些内容的记忆。相比之下，当你想要学习的内容是具体的（也就是说，内容是具有自然视觉类比的东西）时，使用心理意象效果最好。狗是具体的，分子的几何形状也是具体的。然而，你需要学习的许多内容都是抽象的，因此不容易转化为图像。尽管如此，并非所有抽象概念都与这种方法不相容。例如，当你试图学习光合作用的步骤时，你可以想象二氧化碳分子进入植物的叶片，同时植物通过它的根吸收水分等。大多数教科书都会以图形的形式提供这种可视化，那么为什么不在一个完美的春日里，使用真实的植物、雨水和太阳来将这个图形可视化呢？你心目中完美的阳光、春雨和最喜欢的植物，本身就可以成为记忆的剧场，将各种参与者（二氧化碳、氧气、氢分子）连接起来，形成一个从过程开始到结束的链条。对于任何能够提供视觉意象的内容，你都可以尝试使用视觉意象来记忆，特别是当你在使用前面章节中介绍的那些比较通用的策略难以记住这些内容时。

> 当你想要学习的内容是具体的时，使用心理意象效果最好。但是你需要学习的许多内容都是抽象的，因此不容易转化为图像。

最后，请看这个专业工具的一个非常具体的应用：关键词记忆法（the keyword mnemonic）。关键词记忆法的主要目的是帮助你学会将一个外语单词与其对应的译文联系起来，不过它也可以用于学习单词的定义和其他更复杂的材料。现在，我们以一个外语单词及其对应的译文为例来进行说明。在法语中，"房子"这个词是"maison"。如果你刚刚开始学习法语，"maison"这个词对你来说可能没有任何意义，也不容易想象。要使用这个记忆法，首先要为"maison"想出一个具体的关键词，在这种情况下，你可以选择"mason"（泥瓦匠）这个词。接下来，你会形成一个"泥瓦匠"的图像（可能她手里拿着一把泥铲）和一个房子（也许是你小时候住过的房子）的图像。然后，形成二者的互动式图像，比如泥瓦匠正在砌房子的砖块。这样做的目的是，当你稍后被问到"maison"的含义时，你会回忆起高度相关的关键词"mason"（泥瓦匠）在修"房子"的图像。

使用这种技巧时可能会出现陷阱。一些实验（如 Wang 等人，1992）将使用关键词记忆法的学生与不使用关键词记忆法、只学习单词的一组学生进行了比较。在即时测试中，使用关键词记忆法的学生的成绩通常比没有使用关键词记忆法的学生的成绩更好。然而，在延时测试中，情况却恰恰相反：使用关键词记忆法的学生对所学知识的遗忘率更高！我们前面举的例子说明了其中的一个原因：延时几天之后，你可能会正确地检索到关键词"mason"（泥瓦匠）和泥瓦匠正在砌房子砖块的图像，但你可能会忘记这个图像具体和什么有关——"maison"的意思是"房子"还是"砖块"？此外，想出要使用的关键词，可能也需要相当多的时间和创造力。如果你喜欢创作故事和图像，那么这可能是一种有趣的学习方式，但我们猜想大多数学生更喜欢用其他方式利用他们的时间。最后，翻开一本你可能会学习的任何新语言的入门教科书，你都会发现许多外语单词并不容易转换成关键词。因此，我们建议谨慎使用这种方法，也许它只适用于那些容易生成有意义的关键词和交互式意象的材料。

小结

如果有人告诉你，他们有一种学习方法可以让学习变得容易，或者说，只要你使用或至少购买了他们的学习技巧，就会发生神奇的事情，那么他们只是想骗取你的钱财。学习不是一件轻而易举的事，当你花费了大量时间学习却收效甚微时，你难免感到沮丧。要像学习冠军一样学习，你需要为学习中的挑战做好准备，并选择最佳的学习策略来应对这些挑战。我们衷心希望最后几章能激励你亲自尝试这些策略。我们可以保证，学习有时仍然会很困难，但至少你会取得真正的进步，并且当你继续努力时，你就会拥有一条由有效的策略和他人（教师、辅导员和朋友）的指导铺就的通往学习冠军的路径。

主要训练技巧

● 学习冠军深知，学习不是一件轻而易举的事情，不存在
不费吹灰之力就能成为学习冠军的神奇策略。

● 成功学习涉及在适当的时间、针对适当的材料使用专业
的策略，比如高亮标注和意象等。

深入学习，追求卓越

Worthen, J. B.&Hunt, R. R.（2010）的《记忆术：21 世纪
的记忆术》（*Mnemonology*: *Mnemonics for the 21st century*），
泰勒和弗朗西斯出版社（Taylor & Francis）。

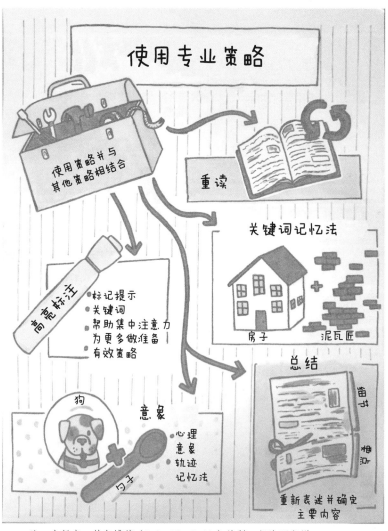

注：由佩奇·赫尔博德（Paige Herrboldt）绘制。经许可印刷。

08 第八章
新事物一瞥：混合与搭配

在本章中，你将学到：

几乎所有的学习策略都在你的学习工具箱中占有一席之地，混合使用通用策略和专业策略对学习某些课程内容来说可能是至关重要的，以及如何将各种策略结合起来像冠军一样学习的想法。

杰曼（Germaine）一直在努力地利用连续再学习法来准备即将到来的认知心理学高级课程考试。他在大多数概念上都取得了很大的进步，并且能够很好地记住它们，但每当他试图回忆起加工水平理论的主要假设时，大脑就会一片空白。从积极的方面看，使用连续再学习法让杰曼找出了他的难点，但从消极的方面看，他却陷入了挣扎和挫败之中。在这种情况下，只是在检索失败后重新学习假设并没有多大帮助。那么，杰曼该如何克服这个学习障碍呢？我们有两个直接的建议。

首先，虽然失败可能会让人沮丧，但我们建议你将其视为学习过程中的成功，这是很困难的。这种挫败感表明学习目标尚未达到。所以，当你继续使用这些策略时，尽量不要灰心失望，而是要像学习冠军一样重新组合。

我们的第二个建议是重新组合，将连续再学习法与另一种策略结合起来。因此，在回忆假设失败之后，不要只是重读反馈信息（即理论假设），而要考虑使用自我解释（例如，为什么加工水平理论会做出这些假设）构建一些假设的心理图像，或者用自己的话总结这些假设。

这里的意思是，即使是专业策略（有时效果不那么显著的策略），只要运用得当，也可以成为你策略工具箱中的有用工具，尤其是当它们与更通用的策略一起使用时。实际上，此时你的工具箱应该包括一系列可信赖和依赖的策略，其中一些策略（如检索练习）你可以在学习几乎任何课程内容时更广泛地应用，而另一些策略（例如，使用解题范例）则针对更具体的学习目标。要像冠军一样学习，你通常需要协调使用多种策略来实现你的学习目标。鉴于我们所介绍的策略数量很多，可能的组合数量也相当惊人，所以在接下来的几页中，我们将提供一些例子，让你深入了解如何为任何新的学习挑战确定最佳组合。

在展示我们最喜欢的一些组合之前，我们有一个重要的注意事项和提醒。需要注意的是，尽管大量的实验研究都集中在评估本书所述策略的益处上，但这些研究几乎都是针对一种策略孤立进行的研究。至于这些策略结合在一起的效果如何，目前还没有什么证据。因此，这里提供的建议是基于我们的直觉，即综合运用各种策略将有助于应对学习挑战。需要提醒的是，请再次考虑间隔练习。虽然我们讨论的大多数策略都规定了如何学习，但间隔练习规定了何时学习——即分散复习。我们之所以再次强调这一点，是因为我们鼓励你首先为每门课程制订一个包含间隔练习的学习计划，可以每周为每门课程留出几个学习时段。在制订好学习计划之后，你需要决定哪种学习策略（或策略组合）最适合你每个学习时段的需要。

在某个特定时段的学习中，有些策略与其他策略结合使用时会特别有用，我们在图示 8-1 中列出了一些成功策略组合。这些例子仅说明了组合策略的几种可能方式，因此，我们鼓励你探索对当前学习目标最有意义的策略组合。话虽如此，许多策略组合都是直截了当、不言自明的，但我们将重点介绍其中一些策略组合，以确保你能够理解如何准确地使用它们。

策略组合	通用方法
• 高亮标注加上任意有效策略的组合	• 使用荧光笔标注要学习的材料
• 连续再学习和自我解释	• 在检索失败后重新学习时使用自我解释
• 连续再学习和意象	• 在检索失败后重新学习时使用意象
• 交错练习和问题解决	• 在解决问题时交错使用不同类型的问题
• 解题范例和检索练习	• 练习检索你总是遗忘的问题的步骤
• 解题范例和自我解释	• 解释为什么解题范例的每个步骤都与解题相关
• 重读和自我解释	• 在重读时，向自己解释最重要的内容
• 总结加连续再学习	• 在总结冗长内容后，使用另一种策略对其进行学习
• 总结加自我解释	• 在总结冗长内容后，使用另一种策略对其进行学习
• 检索练习和寻求帮助	• 如果你继续遇到困难，请寻求帮助
• 问题解决和寻求帮助	• 如果你继续遇到困难，请寻求帮助

图 8-1　一些成功的策略组合

关于"连续再学习"，请记住，它涉及使用带有反馈的检索练习，直到你正确地检索到所需的内容，然后在多个时段中返回，重新学习相同的内容。顺便提一下，连续再学习本身就是一种策略组合：检索练习和间隔练习的恰当运用。当你未能正确检索到想要的答案时，你就需要学习（并尝试学习）正确的答案。正如杰曼的例子所示，你可以简单地重读答案，但为什么不在学习过程中使用更具吸引力的策略呢？可以考虑使用自我解释来说明为什么答案是正确的（如果适用的话），或者也许可以形成答案的心理意象（如果可行的话）。如果你继续苦苦挣扎，并且似乎无法将特定答案牢牢记住以便检索，那么你可能对答案的理解还不够透彻，也许是因为你缺乏背景知识或者存在误解。但是没关系——连续再学习是一个很好的策略，因为它可以让你监测自己在学习最具挑战性的材料方面的进展情况，如果你似乎无法做到正确，那么这可能是寻求帮助的好时机。有关这方面的建议，请查看第九章。

当你需要学习如何解决问题时，在学习解题范例的同时，使用交错时间表来练习解决问题是一个极好的组合。就前者而言，当你试图解决问题却陷入困境时，正是学习同类问题的解题范例的大好时机。就后者来说，交错练习是一种练习计划，与解决问题相结合时特别有用。当然，重要的是要确保在尝试解决问题之前，你不知道具体要解决哪类问题，这样你就可以在尝试解决问题之前练习识别每个问题。

当你在学习解题范例并随后尝试自己解题时，你可能会意识到你总是忘记或未能正确应用解题的某一步骤（或多个步骤）。如果是这样，可以考虑使用一种策略来帮助你记住这个步骤。例如，在学习下一个解题范例之前，尝试从记忆中检索所有步骤，然后评估自己是否记住了它们。另一种可能是，你之所以感到吃力，是因为你并没有完全理解为什么解题的每个步骤都是必要的。为了确定情况是否如此，为什么不尝试解释解题过程中每个步骤的目的呢？如果你无法解释为什么需要某一特定步骤，那么可能需要回到课本或笔记中寻找答案，或者向同学或老师寻求建议。

如果你决定对教科书中的长篇章节进行总结，只提取最重要的内容，请记住，这样做很可能不足以让你完全掌握这些内容。因此，在总结之后，请考虑使用一些更有效的策略来真正地学习这些内容。在总结之后，你能否向自己解释这个总结？如果不能，也许你的总结还不够完整，或者你需要参考其他材料（另一本教科书或你的笔记）来帮助你充分地理解内容，以便更好地解释它。你也可以通过找出哪些内容应该作为检索线索，以及你希望能够从记忆中检索到什么内容来进行连续再学习，然后使用总结，就像使用快闪卡片连续再学习一样。以上只是如何将这些策略结合起来的几个例子，你可能会发现有些策略更适合你。

我们建议你灵活运用这些策略，并坚持下去，直到实现学习目标。换句话说，你应该努力评估或监控你在实现最终目标方面的进展，这就引出了我们的最后一点：经过多个时段的学习之后，你需要决定自己是否达到了学习目标，而一个很好的方法就是通过练习测试来实现。如果目标涉及解决某种类型的问题，那么就练习解决这些问题，直到你能正确地解决为止。如果考试涉及描述克雷布斯循环（Krebs cycle），那么就试着通过记忆来描述它。如果你在学习过程中无法做到这一点，那么你还没有达到学习目标——即使你能在某个特定的学习时段成功地回忆起它，你也可能会在之后忘记其中的某些方面，所以，请尝试在不同的学习时段再次回忆这些内容。主要的想法是试着弄清楚你应该如何在考试中使用你所学的材料——无论是回答选择题、完成论文、执行某些程序，还是解决问题——然后继续练习你应该做的事情，直到你完全掌握。当你最终面对高风险考试时，你就会知道你已经准备好了，因为你一直在以一种能让你出类拔萃的方式学习这些内容。

既然我们已经介绍了一些关于如何组合学习策略来实现学习目标的技巧，那么，我们还需要强调，成为一个成功的学生不仅仅涉及学习。其他习惯，如睡眠时间和是否锻炼，也会影响你的学习成绩、幸福感和整体健康。此外，你需要记住，在学业成功的道路上，你并不孤单。必要时，你应该向同学、导师、辅导员和老师寻求建议和帮助。因此，我们将在最后一章讨论学习冠军的其他优秀习惯，并就如何寻求他人帮助提供一些建议。

小结

如何像冠军一样学习？首先，选择最通用的学习技巧来准备课程：制订计划并管理好时间，安排好每周的学习时段；然后，从通用策略中选择在每个学习时段使用的策略，也许计划高亮标注你需要学习的最重要的材料；使用自我解释阅读所有内容；然后对考试需要记住的内容进行连续再学习。接下来，如果你仍然对某些材料感到吃力，请在你的学习工具箱中寻找适合当前挑战的专业策略。如果你在记忆具体信息时遇到困难，可以使用意象，解释解决难题的每个步骤为何必要，甚至可以向班上的朋友或老师寻求帮助。虽然像冠军一样学习可能需要练习才能掌握，但这种方法本身就非常简单：弄清楚课程的学习目标是什么，然后在第一天上课后花一些时间计划如何实现这些目标，并选择最佳策略来有效地实现这些目标。

主要训练技巧

- 学习冠军将通用学习策略与专业策略相结合使用。
- 成功学习需要考虑你试图掌握的内容，并选择正确的策略组合。

深入学习，追求卓越

Miyatsu, T., Nguyen, K.& McDaniel, M. A. 的《五种流行的学习策略：它们的缺陷和最佳实施方法》（Five popular study strategies: Their pitfalls and optimal implementations），心理科学展望（*Perspectives on Psychological Science*），2018，13(3)，第 390–407 页，https://doi.org/10.1177/ 1745691617710510。

注：由佩奇·赫尔博德（Paige Herrboldt）绘制。经许可印刷。

第三部分
课堂之外

09

第九章
学习冠军的 A（情感）、B（行为）
和 C（认知）

> 我有时喝得太多，昏昏沉沉，不记得接下来发生了什么。
>
> ——马修（Matthew 我们以前的学生）

在本章中，你将学到：

为什么健康的行为对取得好成绩至关重要，应对
大学生活和压力的一些最佳方法，以及为什么良好的
饮食和体育活动可以改变游戏规则。

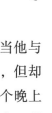

马修的话揭开了本章的序幕，他并不是在炫耀——当他与
健康心理学班的其他同学分享这些信息时，他有些尴尬，但却
直言不讳。当被问及此事时，他表示自己每周有四到五个晚上
会和朋友出去喝酒。每次聚会，他们会在一个朋友的公寓里喝
上一轮酒，然后去另一个朋友的住处再喝几杯，最后去当地一
家提供廉价酒水的酒吧继续喝酒。马修承认，这可能是他许多
作业迟交、忘记提交论文以及期中考试不及格的原因。马修喝

酒时还抽烟。鉴于他的社交生活，他大多数晚上要到凌晨 3 点才睡觉。酗酒只是马修问题的冰山一角。你认识"马修"吗？

像冠军一样学习，需要的不仅仅是练习和掌握我们在前几章中介绍的各种技巧。要学好知识，在班级中取得好成绩，并长期掌握所学知识，还需要照顾好自己的身心健康。有时，你会在课堂上或大学入学讲座上听到这样的说法。在大多数情况下，教师会把重点放在学习内容上，并敦促你跟上阅读和作业（当然，这也是两个关键因素），而忽略了整体。要想在我们所做的事情上取得成功，要想获得更多的快乐，我们需要关注整体。整体包括我们的感受（或情感）、行动（或行为）和思想（或认知）。这些是成为学习冠军的基本要素，在本章中，我们将重点讨论如何使这些要素保持最佳状态。

我们将概述四种主要的身体健康行为——吃、喝、体育活动和睡眠，以及一种主要的心理健康行为——正念。这五种行为将帮助你真正像冠军一样学习。

现在开始：自我评估

下面一组问题旨在衡量你的健康行为。对于每一项，请表明你执行该行为的程度，1= 完全不执行，5= 始终执行。阅读完所有问题并列出数值后，请反思你的答案。

1. ＿＿＿＿＿ 我锻炼身体，保持健康。

2. ＿＿＿＿＿ 我饮食均衡。

3. ＿＿＿＿＿ 我吃维生素。

4. ＿＿＿＿＿ 我定期看牙医、做检查。

5. ＿＿＿＿＿ 我注意我的体重。

6._____ 我限制咖啡、糖和脂肪等食物的摄入。

7._____ 我收集影响我健康的信息。

8._____ 我留意可能出现重大健康问题的迹象。

9._____ 我服用保健品。

10._____ 我定期看医生、做检查。

11._____ 我定期使用牙线。

12._____ 我和朋友、邻居以及亲戚讨论健康问题。

13._____ 我不抽烟。

14._____ 我定期刷牙。

15._____ 我接种预防疾病的疫苗。

16._____ 我睡眠充足。

现在计算一下你的总分。你的总分越接近 80 分，说明你越健康。

注：摘自 S. E. Hampson、G. W. Edmonds 和 L. R. Goldberg 的《健康行为核对表：社区样本中的因子结构与修订版良好健康实践量表的有效性》(The Health Behavior Checklist: Factor Structure in Community Samples and Validity of a Revised Good Health Practices Scale)，健康心理学杂志（ *Journal of Health Psychology* ），2019，24(8)，第 1111 页（ https://doi.org/10.1177/1359105316687629)。版权所有 © Sage , 2019。经许可转载。

保持健康的关键因素

健康的定义有很多种，尤其是在不同的文化中。下面是一个全面而简短的定义：健康是一种在身心和社会方面完全健康的状态（Gurung，2019）。这一描述包括身体方面的内容，这也是大多数人在想到健康时会想到的内容。要想身体健康，就必须确保自己所做的事情是科学所证明的能有效促进和保持健康的。尽管似乎每周都有新的研究及相关的健康行为建议，但有些建议是经过科学证实的。这些建议包括避免危险行为（如吸烟、开车时发短信）、保证充足的睡眠、合理饮食、限制饮酒和进行足够的体育锻炼。这种广义的健康定义还包括心理因素，这对于像冠军一样学习尤为重要，包括如何应对压力和练习正念。

重要的是要将健康视为一个连续体，一端是最佳健康状态，另一端是不良健康状态。这意味着，在任何给定的时间点上，你都处于这个连续体上的某个特定位置，而你行为上的任何改变都会使你向两端中的一端移动。如果你开始加强体育锻炼，你就会向健康的一端移动。如果你开始吸烟或饮食不当，你就会走向不健康的一端。

让我们带你了解一下帮助你像冠军一样学习的几个关键秘诀。你可能会觉得某些小标题下的内容是你已经掌握的。不要跳过这一部分——每个小标题下的内容都可能会让你大吃一惊。

获得足够的睡眠

我们从睡眠开始，因为这可能是大学里最常被滥用的健康行为。与我们交谈的大多数大学生似乎都睡眠不足。国家数据似乎也支持这一观点。美国疾病控制与预防中心（2017）建议，18 至 60 岁的成年人每晚至少应该睡 7 个小时，但他们也估计，超过 35% 的成年人无法做到这一点。

睡眠具有许多重要的功能，获得充足的睡眠非常重要。一般来说，睡眠是我们身体重建的时间。对睡眠活动的研究表明，这是蛋白质生长、细胞重建甚至清除毒素的时间。在学习方面，有证据表明，当你睡觉时，你会巩固前一天的记忆。这有一些非常关键的影响。与考试前早起复习相比，在学习后立即睡觉实际上能帮助你更好地记住所学内容。当然，前一天晚上不要填鸭式地学习，间隔学习效果会更好（见第五章）。

你早上感觉如何，既与你的睡眠时长有关，也与你的睡眠周期是否一致有关。最佳模式是一周内每天在同一时间上床睡觉，在同一时间起床——即使这意味着你每天凌晨 1 点睡觉，上午 9 点起床。你获得了 8 个小时的睡眠，而且你一直这样做（尽管上课和工作时间可能不允许这样做）。这种一致性很重要，因为我们都有昼夜节律或日常身体节律。我们的身体会根据我们的睡眠——觉醒时间分泌荷尔蒙和其他化学物质，我们的体温也会按照同样的时间发生变化。就在我们醒来之前，化学物质释放量有一个峰值，为我们的行动做好了准备。如果我们不断改变醒来的时间，这个峰值就无法与我们的活动相匹配。为了达到最佳的健康和警觉状态，你需要获得充足的睡眠，并保持一个稳定的睡眠周期。每周有两到三个晚上在外面聚会，睡得很晚，只在某几天相对早些上床睡觉，早些起床上课，这样会扰乱你的昼夜节律。

> 为了达到最佳的健康和警觉状态，你需要获得充足的睡眠，并保持稳定的睡眠周期。

这里还有几个关键点。每个人需要的睡眠需求都不尽相同。每晚 8 个小时是一个安全的平均值。有些人可能需要更多，有些人可能需要更少。更重要的是，睡眠质量也非常重要。较高的睡眠质量不仅与较好的健康状况和较低的抑郁程度有关，而且睡眠质量越好，第二天的困倦感就越低（Pilcher & Morris，2020）。睡眠和觉醒在很大程度上取决于周围的光照量。如果你想睡个好觉，就在黑暗中入睡。如果你没有好的窗帘，可以考虑戴眼罩。此外，确保周围没有声音，即使你是用手机当闹钟，在睡觉的时候也要把手机关掉：买一个10元的闹钟代替。如果手机放在身边或枕头下，你的大部分意识就会被手机所控制。你会留意通知。许多学生会在夜里醒来查看短信（回复短信，甚至到了早上都不记得做过这件事）。这种在睡觉时收发短信或被通知吵醒的情况会严重影响睡眠质量。当你睡觉的时候，尽量让自己远离手机，你会睡得更安稳，从而减少困倦，提高注意力和专注力。

注意你的压力程度

压力对不同的人来说是不同的。可以简单地把压力看作是破坏人体平衡或稳态（homeostasis）[○]的东西。我们的身体对温度、血糖水平、体温、呼吸和血压都有一个设定值。有一个常见的物理类比。北美的大多数房屋都有恒温器，旨在保持其所有功能领域的最佳水平。我们设定恒温器，如果温度低于设定值，房子就会被加热。如果温度升高，房子就会降温，并保持恒温。我们的身体有一个叫作下丘脑（hypothalamus）的大脑结构，它起着同样的作用。下丘脑确保我们的身体保持在一个

○ "homeostasis"的中文翻译是"稳态"。这是一个生物学术语，指的是生物体内部环境的一种稳定状态，包括温度、压力、pH值、血糖浓度等。在这种状态下，生物体的细胞和器官能够正常运作，适应外部环境的变化。如果这种稳定状态被打破，生物体就会开始调节，以恢复原来的稳定状态。——译者注

设定的水平。任何对我们的系统造成压力的东西都会打破这种微妙的平衡。

当你感到有压力时，身体的各种系统就会启动，帮助你应对压力。你的心率会加快，血液循环会加快，呼吸会加快。有些身体系统也会被关闭。压力会影响消化和生殖。你可以通过饮食行为的变化以及女性月经系统的波动来了解这一点。性欲也可能发生变化（如缺乏兴趣）。这些变化反映了压力过大时身体和心理因素的复杂相互作用，这就是为什么应对得当非常重要。

我们每个人都面临着可能产生很大压力的要求。对于普通大学生来说，要阅读课程材料、完成作业、上课、准备考试。每门课都可能充满挑战，如果同时上多门课，压力就会更大。此外，许多学生还必须工作。在工作中，许多人会遇到更多的截止日期，还要参加培训，有时还会面临销售配额或达到市场目标的压力。

除了学业和工作领域外，还有个人领域。朋友和家人是幸福和快乐的重要源泉，但也可能有很多人在情感、身体或经济方面依赖你，指望你提供支持和帮助。不同的期望、最后期限和各种情况都可能成为潜在的压力源。

压力对不同的人有不同的含义，应对压力也是如此。健康心理学家将应对压力定义为我们如何减少或预防伴随压力而来的伤害、威胁或损失，并减少相关的痛苦（Carver & Connor-Smith, 2010）。人们应对压力的具体方法有很多。有些人求助于宗教并祈祷，有些人会分散自己的注意力，有些人可能沉迷于酒精，还有一些人可能会直面压力。其中有些方式比其他方式更有效，但实际上，最佳的应对策略取决于压力源的类型、压力源是否可控、压力源是长期的还是短期的。应对压力的研究人员发现，人类的应对方式首先可以分为两大类：（a）接近型应对方式，即以问题为中心的应对方式；（b）回避型应对方式，即以情绪为中心的应付方式。

你可以决定正面应对并解决压力事件，这就是接近型应对。或者，你可以努力避免它，这就是回避型应对。例如，如果你不喜欢你的工作和同事，那么上班可能会让你很有压力。你可以与你的上司沟通，改善你的工作环境，这就是接近型应对方式。当然，你也可以经常请病假，远离工作，这样你使用的就是回避型应对方式。你可以通过行为（如不去上班）或精神努力（mental efforts）（如通过刷网飞来分散自己的注意力）来逃避压力。研究人员将这两种应对方式区分开来进行研究，但实际上这两种应对方式是相互交织的，其中一种往往与另一种相辅相成。

> 当我们有太多事情要做时，往往会感到压力很大。做好计划有助于减少这种压力。

好在本书的许多章节都提供了如何应对学生需求的建议。第二章中讨论的计划（和时间管理）是一种很好的应对方法，有助于防止截止日期临近并成为主要的压力源。当我们有太多事情要做时，往往会感到压力很大。做好计划有助于减少这种压力。想象一下，在截止日期之前完成项目，并在考试前几天掌握课程材料，这无疑会减轻压力。

获得社会支持

有一句歌词很好地概括了多年来的健康心理学研究，这句歌词来自我们最喜爱的披头士乐队的一首歌，"有了朋友们的帮助，我才能过得好"。事实上，我们最重要的资源之一就是身边关心我们的人。我们应对压力的成功与否，很大程度上取决于我们实际得到的，或者甚至是我们相信可以得到的支持的质量和数量。是的，即使相信有很多人可以支持我们，也能让我们更健康，压力更小。社会支持通常被定义为被爱和被关心的感觉；其形式可以是来自他人的情感、信息或工具性帮助。社会支持可能是大学生活中需要培养的最佳因素之一，尤其是当你感到有压力，需要向朋友和家人寻求帮助的时候。无论他们离你有多近或多远，花点时间给关心你的人发短信、发邮件、打电话或与其视频聊天。培养人际网络并与朋友保持联系是应对大学压力的重要部分。

社会支持也有助于我们应对心理健康问题和疲惫感。在过去几年里，校园心理健康问题已上升到新的高度（Hoyt 等人，2021）。事实上，一项研究表明，心理健康诊断率从 2007 年的 22% 上升到 10 年后的 35%（Lipson 等人，2019）。有太多需要心理健康帮助的学生并没有寻求帮助，而教师则可以发挥重要作用。正如我们在第三章中所讨论的那样，学生往往不愿就课程相关的问题向老师寻求帮助。如果你对教科书中的某些内容不理解，或者你想进一步弄清楚你的笔记的内容，你可能希望得到老师的幻灯片或讲义，这时你应该主动联系老师。很多学生不愿意这样做，但我们建议你尝试一下。你的老师希望你取得成功，他们可以为你提供重要的支持。联系的方式有很多。

可以利用他们的办公时间去请教。如果你不想亲自去，他们可能愿意在 Zoom 上聊天。也可以给他们发送电子邮件。虽然很少有教师发短信或使用社交媒体（如 Instagram）与学生交流，但他们都使用电子邮件，这是一种简单的联系方式。你可以从课程大纲中了解与教授沟通的最佳方式（Gurung & Galardi，2021）。课程大纲还可能为你提供不同的选项，以便你在遇到与课堂无直接关系的问题（如感到焦虑或沮丧）时寻求帮助。

　　无论是压力、焦虑还是情绪低落，练习正念都是一种放松的好方法，而且它还能帮助你学习，这两种益处会相互作用。

练习正念

　　我们生活在一个混乱的世界里，而信息的便捷获取让这个世界变得更加混乱。你可能正坐在最田园诗般、最美丽、最舒适的环境中，但如果你随身带着手机并开着，你很可能会被信息和通知淹没。短信通知会吸引你的注意力。你可能想看看自己在 Instagram 或其他喜爱的社交媒体平台上获得了多少赞。在推特上可能会有关于你喜欢的名人或运动队的八卦、谣言，或者一些政治权威人士的最新帖子。这很容易让人分心。即使你不是在山上或湖边，而是在房间里的电脑前，你也可能仍然开着多个浏览器窗口。课堂学习管理系统可能会与 YouTube 视频或购物频道竞争。培养专注力是一项关键技能。

　　我们在第一章中谈到了注意力的重要性以及分散注意力的危害。现在，我们将探讨如何为你培养更明确的技能，让你能够引导并保持注意力。这种一次专注于生活某一方面的能力是与学习成绩相关的重要认知能力。美国心理学之父威廉·詹姆斯（William James，1890）有一句名言："一次又一次地将游移不定的注意力主动拉回来的能力，是判断、性格和意志的根本……能够提高这种能力的教育，才是卓越的教育。"正念就是答案。

描述正念的方法多种多样。在最基本的层面上，要练习正念，你需要密切关注每时每刻的意识体验，然后监控你的注意力，使其专注于当下（Gallant，2016）。就像亚洲热带雨林中的野生猴子一样，我们的思维很容易从一个想法跳到另一个想法，游移不定，被这个那个所干扰。当你练习正念时，你的目标是识别内在和外在的干扰因素（无论是思想还是声音），并将你的注意力拉回到当下而不做任何评判。最著名的正念减压倡导者乔恩·卡巴金（Jon Kabat-Zinn）将正念描述为一种意识，这种意识是在当下有目的地、不带评判地关注事物时产生的（Kabat-Zinn，2003）。

正念曾一度被归入书店的"新纪元"部分，并被认为是圣人和瑜伽人士的领域。如今，正念已经成为美国主流文化的一部分。事实上，世界各国都开发了基于正念的项目（Waters等人，2015）。正念训练，尤其是在大学环境中的正念训练，可以减轻压力和焦虑；改善心理健康、睡眠质量和情绪；提高多种不同的认知能力，如工作记忆和认知灵活性（Calma-Birling & Gurung，2017）。

如果你需要证据，请注意一些已经证明正念积极作用的研究。在一项研究中，学生每周参加两次10分钟的正念练习，15周后，他们表现出更高水平的自我同情，感知到的压力和焦虑水平降低，反刍思维减少（Yamada & Victor，2012）。在另一项研究中，与没有进行正念练习的学生相比，参加了6分钟正念训练的学生在课后测验中得分更高（Ramsburg & Youmans，2014）。

那么，为什么要练习正念呢？正念似乎对记忆力的即时提高有益，这可能与正念减少分心和走神的效果有关。练习正念可以提高你的注意力，尤其是当你走神的时候，它可以帮助你注意到（Mrazek 等人，2013）。通过帮助你反复将注意力拉回到你想要关注的事情上，正念可以帮助你培养持续的注意力（Morrison 等人，2014）。你将学会不让思想、情绪或身体感觉劫持你对当下的意识。这种对注意力的自我调节（参见第二章）实质上就是练习正念所要求的。它能激活特定的认知过程，如持续注意力（即长时间将注意力集中在某一刺激物上而不分心的能力）、认知灵活性（即根据情境需求转移注意力的能力）和认知抑制（即抑制与当前需求相冲突的自动反应的能力）（Burley 等人，2022）。

学习时，注意力的调节极为重要。当你在课堂上听课时，可能会分心（如收到短信、思绪游离），这时你需要能将注意力拉回到课堂上。研究表明，在讲座环境中，随着时间的推移，你的注意力会逐渐减弱。讲座时间越长，你就越有可能注意力不集中。正念有助于你更长时间地集中注意力，而且你练习得越多，你的注意力水平就会越高。

试试这种轻松完成工作的方法，它被称为"番茄工作法"（Pomodoro method），因厨房里一个番茄形状的计时器而得名。你可以选择一个计时器（不一定是番茄），定时 20 分钟，然后开始工作，并承诺一直工作到计时器响起。如果计时器响起时你没有专注于任务（例如，你在看 TikTok），请重新调整自己的注意力，专注于任务。然后，重新设置计时器。如果你专注于任务，就把计时器设定为 30 分钟，然后重新开始，直到计时器响起时你始终在专注于任务。当你在做一件你不想做的事情时，这是一个特别好的技巧。

你现在就可以试试正念练习。俄勒冈州立大学的两位正念专家雅各布·林德斯利（Jacob Lindsley）和凯特·加拉格尔（Kate Gallagher）允许我们分享三套不同的指导方法。这些练习是专为大学生设计的。试试吧。

呼吸意识

- 决定练习多长时间，并设定计时器。
- 让身体保持舒适的姿势，背部挺直。
- 做几次深呼吸，释放体内不必要的紧张或压力，然后让你的呼吸进入一个自然的节奏。
- 确认房间里的声音、身体的感觉以及进出你意识的想法。它们将继续在后台或外围出现或消失。
- 在一段时间内，注意你的呼吸，注意呼吸的感觉。
- 把注意力放在身体某个部位的呼吸感觉上：腹部、胸部或鼻孔。注意呼吸在那里流动的感觉：吸气和呼气。
- 调整并关注呼吸。
- 当你的注意力被叙述、计划或担忧所吸引时，庆幸你已经注意到了，并将注意力重新集中到你选择的部位的呼吸感觉上。
- 继续，直到计时器响起。

身体扫描

- 决定练习多长时间，并设定计时器。
- 让身体保持舒适的姿势，背部挺直。
- 做几次深呼吸，释放体内不必要的紧张或压力，然后让你的呼吸进入一个自然的节奏。

- 确认房间里的声音、身体的感觉以及进出你意识的想法。它们将继续在后台或外围出现或消失。
- 开始"扫描"你的身体，将注意力集中在特定的地方，从身体最低处开始，一直到最高处。花点时间注意以下部位的感觉：
    - 你的左脚和右脚
    - 你的左小腿和右小腿
    - 你的左大腿和右大腿
    - 你的骨盆和臀部
    - 你的下背部
    - 你的腹部
    - 你的胸部
    - 你的上背部
    - 你的左肩、上臂、肘部、前臂、手腕、手和手指
    - 你的右肩、上臂、肘部、前臂、手腕、手和手指
    - 你的脖子
    - 你的头
    - 你的脸
- 当你的注意力被叙述、计划或担忧所吸引时，庆幸你已经注意到了，并将注意力重新集中到之前练习的身体部位上。在剩下的时间里，让你的注意力在你的全身漫游，注意身体上任何感觉的出现和消失。继续，直到计时器响起。

打开意识

- 决定练习多长时间，并设定计时器。

- 让身体保持舒适的姿势，背部挺直。
- 做几次深呼吸，释放体内不必要的紧张或压力，然后让你的呼吸进入一个自然的节奏。
- 让你的意识敞开，去感受活在当下。
- 聆听房间里的声音。
- 注意来来往往的思绪。
- 感受全身的感觉。
- 注意呼吸的节奏。
- 声音、想法、身体、呼吸，全部接受。注意每一个细节如何出现和消失。
- 当你的注意力减弱，被叙述、计划或担心所吸引时，庆幸你已经注意到了，在呼气时放松，打开你的意识，去感受房间里的声音。
- 声音、想法、身体、呼吸，全部接受。注意每一个细节如何来去自如。
- 继续，直到计时器响起。

即使是短暂的干预也能有所帮助吗？心理学专业大四学生德斯塔尼·卡尔马 - 伯林（Destany Calma-Birling）和里根（Regan）回答了这个问题（Calma-Birling & Gurung, 2017）。他们对 5 分钟的正念练习是否能提高学习效果进行了研究。德斯塔尼教一组参与者如何练习专注冥想，并比较了他们的测验成绩。这组学生首先在课堂上聆听了德斯塔尼 12 分钟关于正念与教育的 PowerPoint 演讲。演讲结束后，学生们观看了前面提到的 6 分钟专注冥想视频，并被邀请进行了 5 分钟的正念练习。对照组的学生首先观看了一段 18 分钟的视频，内容是日常生活中的种族歧视。视频结束后，教师照常进行授课。接下来的一周，两个班的学生都参加了当天授课内容的测验。与对照组学生相比，进行了 5 分钟正念练习的学生在测验中的成绩明显更好（见图 9-1）。

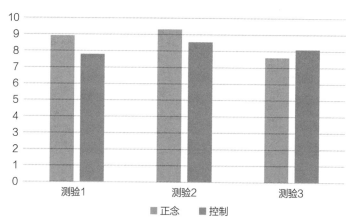

注：改编自 D.Calma Birling 和 R.A.R.Gurung 的《短暂的正念干预会影响测验成绩吗？》（Does a Brief Mindfulness Intervention Impact Quiz Performance?），心理学学习与教学（*Psychology Learning & Teaching*），2017，16（3），第 329 页（https://doi.org/10.1177/1475725717712785）。版权所有 © SAGE，2017。经许可改编。

图 9-1　主要相关测量的均值、标准差和效应值

你是否对正念练习的内容感到好奇？首先，学生被要求自愿地将注意力集中在某一特定部分（如他们的呼吸）并保持专注。然后被告知要试着识别自己是否分心以及何时分心。当他们发现自己分心时，会被告知重新调整注意力，远离干扰物，并将注意力拉回到呼吸上。最后，他们被教导将干扰物视为"只是一个想法"，并对自己宽容一些，告诉自己："分心没关系"（Lutz 等人，2008）。你可以尝试他们使用的专注冥想。

健康饮食

你可能会认为吃一些食物，比如一品脱你最喜欢的冰淇淋或双份鸡翅，会让你感觉更好，但事实似乎并非如此。研究人员研究了什么会让我们感觉更好，并通过实验比较了不同类型的食物选择（Troisi & Gabriel, 2011）。首先，参与者完成了一项在线调查，列出了让他们感觉良好的食物。最常被提到的安慰食物是巧克力（26%）、冰淇淋（18%）和饼干（11%）。在完成调查至少一周后，参与者来到研究实验室，观看了让他们情绪低落的电影。在许多不同的研究中，参与者随后会吃他们的安慰食物、不吃任何食物，或者吃一些其他食物。吃安慰食物确实会让参与者感觉好些，但吃非安慰性食物或不吃任何食物也会让参与者感觉好些。从本质上讲，不管吃不吃食物（安慰食物或非安慰食物），随着看电影时间的增加，情绪都会好转。

你的饮食均衡吗？什么是均衡饮食？大家都知道三种主要的常量营养素（蛋白质、碳水化合物和脂肪），但是每种营养素应该吃多少却常常存在争议。一些研究表明，高蛋白饮食、少吃或不吃碳水化合物是最好的。其他研究表明，无论如何，少吃（无论吃什么，都要少吃）是最好的。我们了解大学生活的实际情况。学生们经常吃含有大量碳水化合物的食物（如披萨和意大利面），并且会忍不住在深夜和一天中的不同时间进食。不幸的是，摄入过多的碳水化合物和在深夜进食会导致体重增加，而体重增加还与经常食用快餐、含糖饮料、外卖食品、酒精和大份量食物有关（Halliday 等人，2019）。长期来看，体重增加也会对健康造成不良影响。

与任何比赛一样，吃什么以及如何为身体补充能量都会影响你的成绩。对于本书的主题来说，最重要的是，吃得好对学习很重要。特别是，不同类型的食物以不同的方式提供能量。如果你吃一顿高蛋白早餐，你的能量水平实际上会保持得更久。甜甜圈或百吉饼可能又快又简单，后者甚至看起来很健康，但这两种食物中的碳水化合物很快就会分解：你很快就能获得能量，但你也会更快地感到饥饿。目前的研究支持波伦（Pollan，2007）的建议，即食用天然、加工最少的食物，以绿色食品为主，并且不要过量食用。就饮食而言，唯一的竞争者似乎是地中海饮食，其中包括大量蔬菜和坚果。如果你喜欢吃希腊菜（如塔布勒菜、鹰嘴豆泥），你就已经尝到了这类食物的味道。这种饮食包括限制肉类，多吃鱼类、全谷物和蔬菜。

进行体育锻炼

大多数人都知道，运动有益于身体健康，它还有益于心理健康和学习。体育锻炼可以减轻抑郁和焦虑症状，增强自尊心。体育锻炼对身心有很多好处，包括降低血压、减肥、减轻压力和增强自信心。不活动（如长时间坐着）与一系列健康风险有关，如体重增加、注意力问题、专注力涣散、易怒和嗜睡（Lieberman，2021）。

美国卫生与公众服务部（2018）建议，我们每个人在一周的大部分时间里至少应该参加中等强度的体育活动。成年人（18 至 65 岁）每周应该进行 150 分钟中等强度或 75 分钟高强度的活动。需要注意的一个关键点是，这种活动可以在一周内分散成多个 10 分钟的小活动进行。该指南还建议每周至少进行两次针对所有肌肉群的肌肉强化活动。当人们想到体育锻炼的建议时，往往会想到去健身房、跑步、骑自行车或举重，但你可以通过许多其他方式消耗能量和进行体育锻炼。即使是走路和站立也会消耗能量。长时间坐在办公桌前使用电脑很容易消耗体力，因此也可以考虑花一些时间站着工作。确保经常休息，并在街区附近散散步。在家里或校园里走动、运动、跳舞或散步等休闲活动都能消耗能量。在制订一周的计划时（见第二章），加入锻炼的内容。

强身健体涉及健康的许多方面。如果你想让自己更健康（尤其是考虑到这有助于你更好地学习和研究），请确保你在不同的健身领域进行练习。仅仅跑步、举重或游泳只侧重于健身的一个方面。你可以在很多方面提高自己的体能水平。心血管耐力（Cardiovascular endurance）通常被称为有氧适能（aerobic fitness），是指人体摄入、输送和利用氧气的能力。衡量有氧适能的常用指标是一个人在完成不同任务时所消耗的氧气量（VO_2）。跑步和游泳可以锻炼这种形式的耐力。除了这些，还有许多其他的体能指标。肌肉力量、肌肉耐力、肌肉爆发力、速度、柔韧性、敏捷性、平衡能力、良好的反应速度以及较低的体脂百分比都是用于评估体能的其他指标。当你计划在一周内安排体育活动时，要尽量安排很多这样的活动。

限制饮酒

本章开头提到的马修显然有酗酒的习惯。饮酒是好事还是坏事，这可能是比其他任何健康行为话题都更能引发激烈讨论的话题。吸烟有害健康，这是毫无疑问的，那么饮酒呢？政府的建议是，男性每天可以饮用两杯酒，女性每天可以饮用一杯酒，不会对健康产生明显的负面影响（美国农业部和美国卫生与公众服务部，2020）。你可能也有朋友为自己的饮酒行为辩解，他们引用的研究结论是，每天喝一杯实际上比不喝要好。这是真的吗？

在大多数高校，酗酒现象十分明显。近半数的大学生酗酒，即在过去两周内，男性连续饮用五杯或更多酒类饮料，女性则连续饮用四杯或更多（Erblich，2019）。目前饮酒者中，18 至 20 岁群体的酗酒比例最高（51%）。坏消息是，饮酒每年导致 10 多万人死亡，是继吸烟、运动不足/饮食不当之后的第三大死因。

饮酒对学习不利。现在已经很清楚，饮酒尤其是未成年人饮酒，会影响学习、记忆和处理信息的能力。一份综合了多项关于脑损伤和酒精的研究报告指出，未成年饮酒者的大脑前额叶区域受损的风险更大。而对于 21 岁以上的人来说，同样的损伤需要双倍的酒精量。大脑前额叶的发育一直持续到 16 岁，之后会保持较高能量消耗速度，直到 20 岁才会下降（Robles 等人，2019）。未成年人饮酒确实会延缓脑细胞的生长，在记忆和学习任务中，未成年饮酒者大脑中的神经元与未饮酒者大脑中的神经元的发射实际上是不同的（Zeigler 等人，2005）。

虽然以前的报告显示少量或适量饮酒有益，但新的研究表明，即使是适量饮酒也可能导致心脏问题和心脏衰竭（欧洲心脏病学会，2022）。然而，高密度脂蛋白胆固醇含量较高有助于防止动脉阻塞，但 21 岁以上的非饮酒者如果至今尚未开始饮酒，则不应开始饮酒。目前科学上还没有足够的临床和流行病学证据来建议不喝酒的人饮酒。

小结

学习是一项具有挑战性的任务。我们希望你能够意识到，在课堂上取得好成绩，以及终身学习，需要的不仅仅是"努力"。当然，努力很重要。你需要有动力，或者获得动力。你现在已经了解了在课堂上出类拔萃的有效方法，包括制订计划、管理时间以及使用最有效的学习计划和策略。当然，要成为学习冠军，你需要开始采用这种学习方法。不过，如果有必要，你也应该开始对自己更好一点，比如每天保持充足的睡眠，每天进行体育锻炼。

大学生活充满挑战，整个人生也是如此。练习我们在本书中介绍的各种技巧，会让你顺利成为学习冠军。为了使这项工作的所有元认知要素都能协同运作，你还需要保持健康。你需要吃好、喝好、睡好、多运动、善于应对压力。保持健康对于大学生活及以后的生活都有益。这听起来像是一项艰巨的任务吗？是的，你能做到吗？我们知道你可以。祝一切顺利。

主要训练技巧

- 学习冠军对健康采取全面的方法，尽量保证足够的睡眠、健康的饮食、限制饮酒，并进行足够的体育锻炼。
- 成功学习包括增加一种有助于应对压力和提高成绩的最佳方法：正念。找到适合自己的练习方法。

深入学习，追求卓越

Lieberman, D. E.（2021）的《练习：为什么我们从未进化到做一些健康而有益的事情》（*Exercised：Why something we never evolved to do is healthy and rewarding*）。潘多拉出版社（Pantheon）。

注：由佩奇·赫尔博德（Paige Herrboldt）绘制。经许可印刷。

附录
学习冠军训练活动

以下是一些重要资源和练习，供你磨炼自己的学习冠军学习技能。

知识测试

看看这份包含 12 种学习策略的清单。根据多年的研究，其中有些策略比其他策略更好。圈出最佳做法。（答案在本附录的最后给出）。

1. 反复阅读材料
2. 把学习分散到多天进行
3. 考试前一晚熬夜通宵学习
4. 使用快闪卡片测试知识
5. 考试前临时抱佛脚
6. 混合学习不同课程的材料，而不是一次只学习一门课程
7. 重抄笔记
8. 提出问题来测试自己的理解
9. 记住关键术语的定义
10. 将信息应用到生活中
11. 使材料符合个人学习风格
12. 在一个安静的地方学习，不受干扰

了解多任务处理的成本

找一个朋友帮你，然后在做以下事情时互相计时：

1. 以最快的速度从 10 倒数到 0，然后立即大声说出从 A 到 K 的字母。

2. 现在，交替说字母表和倒数，10-A、9-B，以此类推。

3. 用第二次完成任务的时间除以第一次完成任务的时间。

看看你在步骤 3 中得到的比率。如果你的比率是 1 或小于 1，则表示你擅长多任务处理。如果你的比率大于 1，则表示你的多任务处理能力较差。例如，3.0 表示你处理多任务的速度比一次专注于一项任务的速度慢 3 倍。

想一想哪项任务更容易，观察一下你的经验是否与你的时间相符。

- 想一想，在多任务处理时，你的效率比专注于一个主题然后再专注于另一个主题要低得多。况且，这些任务都是非常熟悉的、已被过度学习的任务。在完成复杂且不熟悉的任务（如学习）时，多任务处理的情况想必会更糟。

- 想想如何计划减少多任务处理的影响。

【练习 1 的答案：偶数项是最佳做法。】

术语表

评估（Assessment）：一般来说，评估就是测量，但在大学里，它指的是确定学习效果和所学内容的行为。

校准（Calibration）：对自己知识水平以及知识测试成绩的判断与实际测试成绩之间的相似度。

填鸭式学习（Cramming）：在考试前（通常是在考试前一天晚上）学习要学的材料，这是一种无法保留长期记忆的无效练习计划。

标准学习（Criterion learning）：继续利用检索练习（带有反馈）进行学习，直到所有材料都能被正确检索一次（即以一次正确检索为标准）、两次（即以两次正确检索为标准），以此类推。

分散练习（Distributed practice）：见间隔练习（Spaced practice）。

效应值（Effect size）：一种统计量度，用于衡量任何单一因素在研究中发挥的作用有多大。效应值（与相关性不同）可以大于 1.0。效应值越大，说明该因素的作用越强。例如，班级规模的效应值为中等，表明它对学习的影响不如其他因素大。

知晓感（Feeling of Knowing，FoK）：你对已知内容、知识的准确性以及未知内容的理解和信心。

交错练习（Interleaving）：是一种练习计划——将不同类型的材料混合起来练习，让学生不知道下一个练习的材料是什么类型，因此必须先确定类型。例如，将微积分中不同类型的推导问题混合在一起，这样，在推导出每个问题的解决方案之前，学生必须首先确定这是哪种类型的问题。

集中练习（Massed practice）：就技能而言，在一个时段内练习相同的技能，然后继续前进，而不再练习该技能；就学习而言，在一个学习时段中学习相同的材料。例如，在一个学习时段内，花几分钟时间学习一个概念的定义，而不返回来再次学习该定义。

元认知（Metacognition）：通常被描述为思考与学习有关的思维，包括有意识地意识到自己是一个问题解决者，并能准确判断自己学习水平的能力。

元分析（Meta-analysis）：一种研究或统计分析形式，结合许多不同个体研究的结果，提供特定影响或因素强度的单一衡量标准。

监控（Monitoring）：评估或监测你对某一知识点的掌握程度或对某一问题的准确回答程度。参加练习测试就是一种帮助你监测自己对课程材料掌握程度的方法。

检索练习（Retrieval practice）：尝试从记忆中检索想要学习的信息。这种练习可以包括自由回忆（例如，回忆关于某个主题的所有知识），线索回忆（提供线索，例如，"共价键的定义是什么？"），以及回答多项选择题等。

自我解释（Self-explanation）：自己解释为什么某个事实、概念或解决问题的方法是正确的。

自我调节（Self-regulation）：关注自己的学习过程，特别是如何计划、监控和评估自己的成绩。

间隔练习（Spaced practice）：就一项技能而言，在多个间隔的时段内练习相同的技能；就学习而言，在多个间隔的时段内学习同一内容（或材料）。

学习冠军（Study champion）：成功运用有实证依据的学习策略来最大限度地提高学习效果，并练习多种元认知技能的人。

连续再学习（Successive relearning）：一种将检索练习与反馈相结合的技能，直到达到（至少）一次正确检索的标准，然后在一次或多次额外的间隔练习时段内再次重复这一过程。

总结（Summarization）：用相对简洁的方式归纳出对某些事物（如阅读过的文章、观看过的视频、讲座）的最重要的观点。

学习迁移（Transfer of learning）：当学习的内容与最终测试的内容不同时，会发生学习迁移。例如：（a）在自习时间练习一道几何题，而在测试中收到该题的不同版本；（b）在数学课程中学习解决分数问题，然后利用这些知识将食谱的大小增加三分之一。

解题范例（Worked example）：一个问题的示例，其中包含已经制定好的解决方案，以及解决该问题所需的所有步骤。

参考文献

Agarwal, P. K., Nunes, L. D., & Blunt, J. R. (2021). Retrieval practice consistently benefits student learning: A systematic review of applied research in schools and classrooms. *Educational Psychology Review*, *33*, 1409–1453. https://doi.org/10.1007/s10648-021-09595-9

Bain, K. (2012). *What the best college students do*. Belknap Press. https://doi.org/10.4159/harvard.9780674067479

Bartoszewski, B. L., & Gurung, R. A. R. (2015). Comparing the relationship of learning techniques and exam score. *Scholarship of Teaching and Learning in Psychology*, *1*(3), 219–228. https://doi.org/10.1037/stl0000036

Bernstein, D. A. (2018). Does active learning work? A good question, but not the right one. *Scholarship of Teaching and Learning in Psychology*, *4*(4), 290–307. https://doi.org/10.1037/stl0000124

Berry, D. C. (1983). Metacognitive experience and transfer of logical reasoning. *Quarterly Journal of Experimental Psychology*, *35*(1), 39–49. https://doi.org/10.1080/14640748308402115

Blasiman, R. N., Dunlosky, J., & Rawson, K. A. (2017). The what, how much, and when of study strategies: Comparing intended versus actual study behaviour. *Memory*, *25*(6), 784–792. https://doi.org/10.1080/09658211.2016.1221974

Burley, D. T., Anning, K. L., & van Goozen, S. H. M. (2022). The association between hyperactive behaviour and cognitive inhibition impairments in young children. *Child Neuropsychology*, *28*(3), 302–317. Advance online publication. https://doi.org/10.1080/09297049.2021.1976128

Butler, A. C. (2010). Repeated testing produces superior transfer of learning relative to repeated studying. *Journal of Experimental Psychology: Learning, Memory, and Cognition, 36*(5), 1118–1133. https://doi.org/10.1037/a0019902

Callender, A. A., Franco-Watkins, A. M., & Roberts, A. S. (2016). Improving metacognition in the classroom through instruction, training, and feedback. *Metacognition and Learning, 11*(2), 215–235. https://doi.org/10.1007/s11409-015-9142-6

Calma-Birling, D., & Gurung, R. A. R. (2017). Does a brief mindfulness intervention impact quiz performance? *Psychology Learning & Teaching, 16*(3), 323–335. https://doi.org/10.1177/1475725717712785

Carver, C. S., & Connor-Smith, J. (2010). Personality and coping. *Annual Review of Psychology, 61*, 679–704. https://doi.org/10.1146/annurev.psych.093008.100352

Centers for Disease Control and Prevention (2017). *Short sleep duration among US adults.* https://www.cdc.gov/sleep/data_statistics.html

Cepeda, N. J., Pashler, H., Vul, E., Wixted, J. T., & Rohrer, D. (2006). Distributed practice in verbal recall tasks: A review and quantitative synthesis. *Psychological Bulletin, 132*(3), 354–380. https://doi.org/10.1037/0033-2909.132.3.354

Chen, P.-H. (2021). In-class and after-class lecture note-taking strategies. *Active Learning in Higher Education, 22*(3), 245–260. https://doi.org/10.1177/1469787419893490

Coutinho, S. A. (2007). The relationship between goals, metacognition, and academic success. *Educate, 7*(1), 39–47

De Bruyckere, P., Kirschner, P. A., & Hulshof, C. D. (2015). *Urban myths about learning and education.* Elsevier/Academic Press

Dunlosky, J., & Lipko, A. (2007). Metacomprehension: A brief history and how to improve its accuracy. *Current Directions in Psychological Science, 16*(4), 228–232. https://doi.org/10.1111/j.1467-8721.2007.00509.x

Dunlosky, J., & O'Brien, A. (2020). The power of successive relearning and how to implement it with fidelity using pencil and paper and webbased programs. *Scholarship of Teaching and Learning in Psychology.*

Advance online publication. https://doi.org/10.1037/stl0000233

Dunlosky, J., & Rawson, K. A. (Eds.). (2019). *The Cambridge handbook of cognition and education.* Cambridge University Press. https://doi.org/10.1017/9781108235631

Dunlosky, J., Rawson, K. A., Marsh, E. J., Nathan, M. J., & Willingham, D. T. (2013). Improving students' learning with effective learning techniques: Promising directions from cognitive and educational psychology. *Psychological Science in the Public Interest, 14*(1), 4–58. https://doi.org/10.1177/1529100612453266

Dweck, C. S. (2007). *Mindset: The new psychology of success.* Ballantine.

Ebbinghaus, H. (1964). *Memory: A contribution to experimental psychology.* Dover. (Original work published 1885)

Einstein, G. O., Morris, J., & Smith, S. (1985). Note-taking, individual differences, and memory for lecture information. *Journal of Educational Psychology, 77*(5), 522–532. https://doi.org/10.1037/0022-0663.77.5.522

Erblich, J. (2019). Alcohol use and health. In T. A. Revenson & R. A. R. Gurung (Eds.), *Handbook of health psychology* (pp. 133–147). Routledge

Ertmer, P. A., & Newby, T. J. (1996). The expert learner: Strategic, self-regulated, and reflective. *Instructional Science, 24*(1), 1–24. https://doi.org/10.1007/BF00156001

European Society of Cardiology. (2022, May 23). *Alcohol may be more risky to the heart than previously thought.* https://www.sciencedaily.com/releases/2022/05/220523135032.htm

Flavell, J. H. (1979). Metacognition and cognitive monitoring: A new area of cognitive–developmental inquiry. *American Psychologist, 34*(10), 906–911. https://doi.org/10.1037/0003-066X.34.10.906

Foster, N. L., Was, C. A., Dunlosky, J., & Isaacson, R. M. (2017). Even after thirteen class exams, students are still overconfident: The role of memory for past exam performance in student predictions. *Meta-cognition and Learning, 12*(1), 1–19. https://doi.org/10.1007/s11409-016-9158-6

Gallant, S. N. (2016). Mindfulness meditation practice and executive functioning: Breaking down the benefit. *Consciousness and Cognition*, *40*, 116–130. https://doi.org/10.1016/j.concog.2016.01.005

Gallup, Inc. (2014). *Great jobs, great lives: The 2014 Gallup–Purdue index report: A study of more than 30,000 college graduates across the U.S.* https://www.gallup.com/services/176768/2014-gallup-purdue-indexreport.aspx

Gurung, R. A. R. (2014, September 3). Plan your crazy: A tip for the new school year. *Green Bay Press Gazette*. https://www.greenbaypressgazette.com/story/news/education/2014/09/03/plan-crazy-tip-new-schoolyear/15037175

Gurung, R. A. R. (2016). *You a scapegoat? Answers to who's accountable for learning*. https://psychlearningcurve.org/scapegoat

Gurung, R. A. R. (2019). *Health psychology: Wellness in a diverse world*. Sage

Gurung, R. A. R. (2020, February 13). RAP ON: Making metacognition visible. *Research Advancing Pedagogy*. https://blogs.oregonstate.edu/osuteaching/2020/02/13/rap-on-making-metacognition-visible

Gurung, R. A. R., & Burns, K. (2019). Putting evidence-based claims to the test: A multi-site classroom study of retrieval practice and spaced practice. *Applied Cognitive Psychology*, *33*(5), 732–743. https://doi.org/10.1002/acp.3507

Gurung, R. A. R., & Galardi, N. R. (2021). Syllabus tone, more than mental health statements, influence intentions to seek help. *Teaching of Psychology*. Advance online publication. https://doi.org/10.1177/0098628321994632

Hacker, D. J., & Bol, L. (2019). Calibration and self-regulated learning: Making the connections. In J. Dunlosky & K. A. Rawson (Eds.), *The Cambridge handbook of cognition and education* (pp. 647–677). Cambridge University Press. https://doi.org/10.1017/9781108235631.026

Halliday, D. M., Epperson, A. E., & Song, A. V. (2019). Weight loss, obesity, and health. In T. A. Revenson & R. A. R. Gurung (Eds.), *Handbook of health psychology* (pp. 91–104). Routledge

Hattie, J. (2015). The applicability of Visible Learning to higher education. *Scholarship of Teaching and Learning in Psychology, 1*(1), 79–91. https://doi.org/10.1037/stl0000021

Holliday, N. (2017, August 11). *Sydney Opera House failed project: What can you learn?* https://blog.beyondsoftware.com/learning-fromfailed-projects-sydney-opera-house

Hong, W., Bernacki, M. L., & Perera, H. N. (2020). A latent profile analysis of undergraduates' achievement motivations and metacognitive behaviors, and their relations to achievement in science. *Journal of Educational Psychology, 112*(7), 1409–1430. https://doi.org/10.1037/edu0000445

Hoyt, L. T., Cohen, A. K., Dull, B., Maker Castro, E., & Yazdani, N. (2021). "Constant stress has become the new normal": Stress and anxiety inequalities among U.S. college students in the time of COVID-19. *Journal of Adolescent Health, 68*(2), 270–276. https://doi.org/10.1016/j.jadohealth.2020.10.030

James, W. (1890). *The principles of psychology: Vol. 2.* Henry Holt. https://doi.org/10.1037/11059-000

Kabat-Zinn, J. (2003). Mindfulness-based interventions in context: Past, present, and future. *Clinical Psychology: Science and Practice, 10*(2), 144–156. https://doi.org/10.1093/clipsy/bpg016

Karat, C. M., Halverson, C., Horn, D., & Karat, J. (1999). Patterns of entry and correction in large vocabulary continuous speech recognition systems. In *CHI '99: Proceedings of the SIGCHI conference on human factors in computing systems* (pp. 568–575). Association for Computing Machinery. https://doi.org/10.1145/302979.303160

Komarraju, M., & Nadler, D. (2013). Self-efficacy and academic achievement: Why do implicit beliefs, goals, and effort regulation matter? *Learning and Individual Differences, 25,* 67–72. https://doi.org/10.1016/j.lindif.2013.01.005

Kruger, J., & Dunning, D. (1999). Unskilled and unaware of it: How difficulties in recognizing one's own incompetence lead to inflated selfassessments. *Journal of Personality and Social Psychology*, *77*(6), 1121–1134. https://doi.org/10.1037/0022-3514.77.6.1121

Lay, C. (1986). At last, my research article on procrastination. *Journal of Research in Personality*, *20*(4), 474–495. https://doi.org/10.1016/0092-6566(86)90127-3

Lieberman, D. E. (2021). *Exercised: Why something we never evolved to do is healthy and rewarding*. Pantheon.

Lipson, S. K., Lattie, E. G., & Eisenberg, D. (2019). Increased rates of mental health service utilization by U.S. college students: 10-year population-level trends (2007–2017). *Psychiatric Services, 70*(1), 60–63. https://doi.org/10.1176/appi.ps.201800332

Luo, L., Kiewra, K. A., & Samuelson, L. (2016). Revising lecture notes: How revision, pauses, and partners affect note taking and achievement. *Instructional Science*, *44*(1), 45–67. https://doi.org/10.1007/s11251-016-9370-4

Lutz, A., Slagter, H. A., Dunne, J. D., & Davidson, R. J. (2008). Attention regulation and monitoring in meditation. *Trends in Cognitive Sciences, 12*(4), 163–169. https://doi.org/10.1016/j.tics.2008.01.005

Mischel, W. (2014). *The Marshmallow Test: Mastering self-control*. Little, Brown

Miyatsu, T., Nguyen, K., & McDaniel, M. A. (2018). Five popular study strategies: Their pitfalls and optimal implementations. *Perspectives on Psychological Science*, *13*(3), 390–407. https://doi.org/10.1177/1745691617710510

Morehead, K., Dunlosky, J., & Rawson, K. A. (2019). How much mightier is the pen than the keyboard for note-taking? A replication and extension of Mueller and Oppenheimer (2014). *Educational Psychology Review*, *31*(3), 753–780. https://doi.org/10.1007/s10648-019-09468-2

Morehead, K., Dunlosky, J., Rawson, K. A., Blasiman, R., & Hollis, R. B. (2019). Note-taking habits of 21st century college students: Implications for student learning, memory, and achievement. *Memory*, *27*(6), 807–819. https://doi.org/10.1080/09658211.2019.1569694

Morrison, A. B., Goolsarran, M., Rogers, S. L., & Jha, A. P. (2014).

Taming a wandering attention: Short-form mindfulness training in student cohorts. *Frontiers in Human Neuroscience*, *7*, 897. https://doi. org/10.3389/fnhum.2013.00897

Mrazek, M. D., Franklin, M. S., Phillips, D. T., Baird, B., & Schooler, J. W. (2013). Mindfulness training improves working memory capacity and GRE performance while reducing mind wandering. *Psychological Science*, *24*(5), 776–781. https://doi.org/10.1177/0956797612459659

Mrazek, M. D., Smallwood, J., & Schooler, J. W. (2012). Mindfulness and mind-wandering: Finding convergence through opposing constructs. *Emotion*, *12*(3), 442–448. https://doi.org/10.1037/a0026678

Mueller, P. A., & Oppenheimer, D. M. (2014). The pen is mightier than the keyboard: Advantages of longhand over laptop note taking. *Psychological Science*, *25*(6), 1159–1168. https://doi. org/10.1177/0956797614524581

Paas, F. G. W. C., & van Merrienboer, J. G. (1994). Variability of worked examples and transfer of geometrical problem-solving skills: A cognitive-load approach. *Journal of Educational Psychology*, *86*(1), 122–133. https://doi.org/10.1037/0022-0663.86.1.122

Pashler, H., McDaniel, M., Rohrer, D., & Bjork, R. (2008). Learning styles: Concepts and evidence. *Psychological Science in the Public Interest*, *9*(3), 105–119. https://doi.org/10.1111/j.1539-6053.2009.01038.x

Pauk, W., & Ross, J. O. O. (2013). *How to study in college* (11th ed.). Cengage

Peverly, S. T., & Wolf, A. D. (2019). Note-taking. In J. Dunlosky & K. A. Rawson (Eds.), *The Cambridge handbook of cognition and education* (pp. 320–355). Cambridge University Press. https://doi. org/10.1017/9781108235631.014

Pilcher, J. J., & Morris, D. M. (2020). Sleep and organizational behavior: Implications for workplace productivity and safety. *Frontiers in Psychology*, *11*, 45. https://doi.org/10.3389/fpsyg.2020.00045

Pinxten, M., De Laet, T., Van Soom, C., Peeters, C., & Langie, G. (2019). Purposeful delay and academic achievement. A critical review of the Active Procrastination Scale. *Learning and Individual Differences*, *73*, 42–51.

https://doi.org/10.1016/j.lindif.2019.04.010

Pollan, M. (2007). *The omnivore's dilemma: A natural history of four meals.* Penguin

Pomerance, L., Greenberg, J., & Walsh, K. (2016). *Learning about learning: What every new teacher needs to know.* National Council on Teaching Quality

Putnam, A. L., Sungkhasettee, V. W., & Roediger, H. L., III. (2016). Optimizing learning in college: Tips from cognitive psychology. *Perspectives on Psychological Science, 11*(5), 652–660. https://doi.org/10.1177/1745691616645770

Ragan, E. D., Jennings, S. R., Massey, J. D., & Doolittle, P. E. (2014). Unregulated use of laptops over time in large lecture classes. *Computers & Education, 78,* 78–86. https://doi.org/10.1016/j.compedu.2014.05.002

Ramsburg, J. T., & Youmans, R. J. (2014). Meditation in the highereducation classroom: Meditation training improves student knowledge retention during lectures. *Mindfulness, 5*(4), 431–441. https://doi.org/10.1007/s12671-013-0199-5

Raver, S. A., & Maydosz, A. S. (2010). Impact of the provision and timing of instructor-provided notes on university students' learning. *Active Learning in Higher Education, 11*(3), 189–200. https://doi.org/10.1177/1469787410379682

Rawson, K. A., Dunlosky, J., & Sciartelli, S. M. (2013). The power of successive relearning: Improving performance on course exams and longterm retention. *Educational Psychology Review, 25*(4), 523–548. https://doi.org/10.1007/s10648-013-9240-4

Rawson, K. A., & Kintsch, W. (2005). Rereading effects depend on time of test. *Journal of Educational Psychology, 97*(1), 70–80. https://doi.org/10.1037/0022-0663.97.1.70

Robbins, S. B., Lauver, K., Le, H., Davis, D., Langley, R., & Carlstrom, A. (2004). Do psychosocial and study skill factors predict college outcomes? A meta-analysis. *Psychological Bulletin, 130*(2), 261–288. https://doi.org/10.1037/0033-2909.130.2.261

Robles, T. F., Mercado, E., Nooteboom, P., Price, J., & Romney, C. (2019). Biological processes of health. In T. A. Revenson & R. A. R. Gurung (Eds.), *Handbook of health psychology* (pp. 69–88). Routledge

Roediger, H. L., III, Putnam, A. L. O., & Smith, M. A. (2011). Ten benefits of testing and their applications to educational practice. *Psychology of Learning and Motivation, 55*, 1–36. https://doi.org/10.1016/B978-0-12-387691-1.00001-6

Rohrer, D., Dedrick, R. F., Hartwig, M. K., & Cheung, C. (2020). A randomized controlled trial of interleaved mathematics practice. *Journal of Educational Psychology, 112*(1), 40–52. https://doi.org/10.1037/edu0000367

Schraw, G. (1998). Promoting general metacognition awareness. *Instructional Science, 26*(1-2), 113–125. https://doi.org/10.1023/A:1003044231033

Schraw, G., & Dennison, R. S. (1994). Assessing metacognitive awareness. *Contemporary Educational Psychology, 19*(4), 460–475. https://doi.org/10.1006/ceps.1994.1033

Senzaki, S., Hackathorn, J., Appleby, D. C., & Gurung, R. A. R. (2017). Reinventing flashcards to increase student learning. *Psychology Learning & Teaching, 16*(3), 353–368. https://doi.org/10.1177/1475725717719771

Tanner, K. D. (2012). Promoting student metacognition. *CBE Life Sciences Education, 11*(2), 113–120. https://doi.org/10.1187/cbe.12-03-0033

Taraban, R., Maki, W. S., & Rynearson, K. (1999). Measuring study time distributions: Implications for designing computer-based courses. *Behavior Research Methods, Instruments & Computers, 31*(2), 263–269. https://doi.org/10.3758/BF03207718

Thomas, R. C., Weywadt, C. R., Anderson, J. L., Martinez-Papponi, B., & McDaniel, M. A. (2018). Testing encourages transfer between factual and application questions in an online learning environment. *Journal of Applied Research in Memory and Cognition, 7*(2), 252–260. https://doi.org/10.1016/j.jarmac.2018.03.007

Troisi, J. D., & Gabriel, S. (2011). Chicken soup really is good for the soul:

"Comfort food" fulfills the need to belong. *Psychological Science*, *22*(6), 747–753. https://doi.org/10.1177/0956797611407931

Urry, H. L., Crittle, C. S., Floerke, V. A., Leonard, M. Z., Perry, C. S., III, Akdilek, N., Albert, E. R., Block, A. J., Bollinger, C. A., Bowers, E. M., Brody, R. S., Burk, K. C., Burnstein, A., Chan, A. K., Chan, P. C., Chang, L. J., Chen, E., Chiarawongse, C. P., Chin, G., . . . Zarrow, J. E. (2021). Don't ditch the laptop just yet: A direct replication of Mueller and Oppenheimer's (2014) Study 1 plus mini meta-analyses across similar studies. *Psychological Science, 32*(3), 326–339. https://doi.org/10.1177/0956797620965541

U.S. Department of Agriculture & U.S. Department of Health and Human Services. (2020, December). *Dietary guidelines for Americans, 2020–2025* (9th ed.). https://www.dietaryguidelines.gov/resources/2020-2025-dietary-guidelines-online-materials

U.S. Department of Health and Human Services. (2018). *Physical activity guidelines for Americans* (2nd ed.). https://health.gov/sites/default/files/2019-09/Physical_Activity_Guidelines_2nd_edition.pdf van Gog, T., Rummel, N., & Renkl, A. (2019). Learning how to solve problems by studying examples. In J. Dunlosky & K. A. Rawson (Eds.), *The Cambridge handbook of cognition and education* (pp. 183–208). Cambridge University Press. https://doi.org/10.1017/9781108235631.009

Wang, A. Y., Thomas, M. H., & Ouellette, J. A. (1992). Keyword mnemonic and retention of second-language vocabulary words. *Journal of Educational Psychology*, *84*(4), 520–528. https://doi.org/10.1037/0022-0663.84.4.520

Waters, L., Barsky, A., Ridd, A., & Allen, K. (2015). Contemplative education: A systematic, evidence-based review of the effect of meditation interventions in schools. *Educational Psychology Review*, *27*(1), 103–134. https://doi.org/10.1007/s10648-014-9258-2

Weinstein, Y., Madan, C. R., & Sumeracki, M. A. (2018). Teaching the science of learning. *Cognitive Research: Principles and Implications*, *3*(1), 2. https://doi.org/10.1186/s41235-017-0087-y

Wiseheart, M., Küpper-Tetzel, C. E., Weston, T., Kim, A. S. N., Kapler, I. V., & Foot-Seymour, V. (2019). Enhancing the quality of student learning using distributed practice. In J. Dunlosky & K. A. Rawson (Eds.), *The Cambridge handbook of cognition and education* (pp. 550–584). Cambridge University Press

Wong, L. (2014). *Essential study skills* (8th ed.). Cengage Learning

Yamada, K., & Victor, T. L. (2012). The impact of mindful awareness practices on college student health, well-being, and capacity for learning: A pilot study. *Psychology Learning & Teaching, 11*(2), 139–145. https://doi.org/10.2304/plat.2012.11.2.139

Zeigler, D. W., Wang, C. C., Yoast, R. A., Dickinson, B. D., McCaffree, M. A., Robinowitz, C. B., Sterling, M. L.; Council on Scientific Affairs, American Medical Association. (2005). The neurocognitive effects of alcohol on adolescents and college students. *Preventive Medicine, 40*(1), 23–32. https://doi.org/10.1016/j.ypmed.2004.04.044

Zimmerman, B. J. (2008). Investigating self-regulation and motivation: Historical background, methodological developments, and future prospects. *American Educational Research Journal, 45*(1), 166–183. https://doi.org/10.3102/0002831207312909

北京市版权局著作权合同登记号 图字：01-2023-3868

图书在版编目（CIP）数据

像冠军一样学习：心理学中的高效学习法 /（美）里根·A.R.古隆（Regan A. R. Gurung），（美）约翰·邓洛斯基（John Dunlosky）著；徐品香译. — 北京：机械工业出版社，2024.1

书名原文：Study Like a Champ: The Psychology-Based Guide to "Grade A" Study Habits

ISBN 978-7-111-74959-2

Ⅰ.①像… Ⅱ.①里… ②约… ③徐… Ⅲ.①学习心理学 Ⅳ.①G442

中国国家版本馆CIP数据核字（2024）第031283号

机械工业出版社（北京市百万庄大街22号 邮政编码100037）
策划编辑：坚喜斌　　　　　　责任编辑：坚喜斌 陈 洁
责任校对：孙明慧 刘雅娜　　责任印制：张 博
北京联兴盛业印刷股份有限公司印刷
2024年3月第1版第1次印刷
145mm×210mm · 6.625印张 · 1插页 · 145千字
标准书号：ISBN 978-7-111-74959-2
定价：59.00元

电话服务　　　　　　　　　　网络服务
客服电话：010-88361066　　　机 工 官 网：www.cmpbook.com
　　　　　010-88379833　　　机 工 官 博：weibo.com/cmp1952
　　　　　010-68326294　　　金 书 网：www.golden-book.com
封底无防伪标均为盗版　　　机工教育服务网：www.cmpedu.com